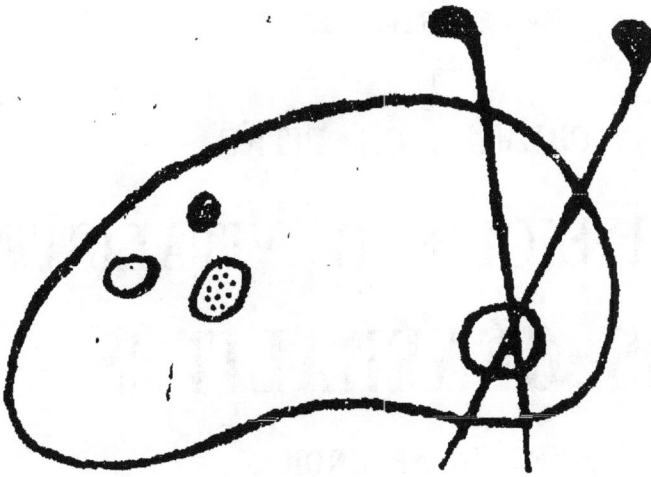

Début d'une série de documents
en couleur

ÉTUDES DE PHILOSOPHIE NATURELLE

6me SÉRIE : No 1

PREMIER CHAPITRE

DE PHYSIOLOGIE VITALISTE

LES GÉNÉRALITÉS

AVEC UN APPENDICE

Sur les récentes expériences de M. THORE.

PAR

J.-ÉMILE FILACHOU

Docteur ès Lettres.

« *Les préjugés classiques ont retardé le progrès : chaque époque a les siens; il est difficile de s'en affranchir, et ceux qui ont assez d'indépendance pour le faire ne sont généralement ni compris ni appréciés de leurs contemporains.* »

FLAMMARION.

MONTPELLIER

LÉPINE (Ancienne Maison Seguin)

Rue Argenterie, 25.

PARIS

DURAND & PEDONE-LAURIEL

Rue Cujas, 9.

1887

Suite des Ouvrages du même Auteur

Montpellier. — Typogr. CHARLES BOEHM

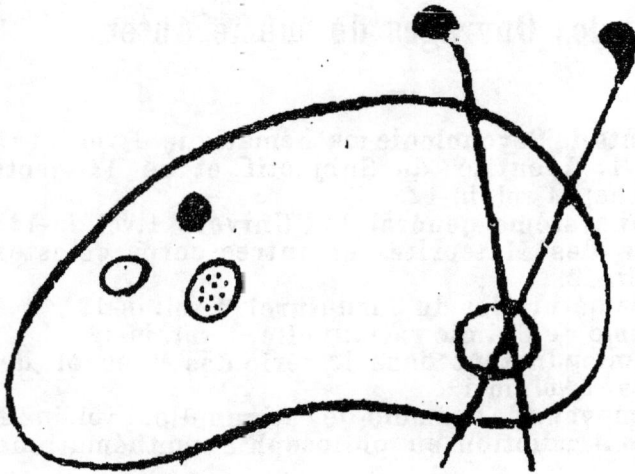

Fin d'une série de documents
en couleur

/

ÉTUDES DE PHILOSOPHIE NATURELLE

6me Série : No 1

PREMIER CHAPITRE

DE PHYSIOLOGIE VITALISTE

LES GÉNÉRALITÉS

POUR PARAITRE SUCCESSIVEMENT:

Montpellier – Typ. CHARLES BOEHM

ÉTUDES DE PHILOSOPHIE NATURELLE

6me SÉRIE : No 1

PREMIER CHAPITRE

DE PHYSIOLOGIE VITALISTE

LES GÉNÉRALITÉS

AVEC UN APPENDICE

Sur les récentes expériences de M. THORE.

PAR

J.-ÉMILE FILACHOU

Docteur ès Lettres.

« Les préjugés classiques ont retardé
le progrès : chaque époque a les siens; il
est difficile de s'en affranchir, et ceux
qui ont assez d'indépendance pour le
faire ne sont généralement ni compris
ni appréciés de leurs contemporains. »

FLAMMARION.

MONTPELLIER

LÉPINE (Ancienne Maison Seguin)
Rue Argenterie, 25.

PARIS

DURAND & PEDONE-LAURIEL
Rue Cujas, 9.

1887

AVANT-PROPOS.

Voulant assigner le principe du monde, les anciens philosophes désignaient en cette qualité l'eau, l'air, le feu..., jusqu'à ce qu'Anaxagore vint et dit : Dieu. Ce dernier seul avait raison.

Les physiologistes, même les plus récents, imitent les anciens philosophes : ils abordent et traitent leur sujet par la fin, au lieu de l'attaquer par le principe. C'est un renversement complet de la vraie méthode.

Établir ou rétablir la vraie marche à suivre à cet égard, tel est l'objet de cet écrit, destiné dès lors à fournir une base solide aux recherches ultérieures d'une physiologie générale, rationnelle et pratique à la fois, mais impossible autrement, comme l'a fort bien entrevu le rédacteur de la *Revue scientifique*, disant (n° du 4 octobre 1884, pag. 440) : «Si..., pour *généraliser* à propos des phénomènes de la nature, il faut choisir parmi les *faits*, — rien n'étant plus difficile que ce choix, généraliser dans les sciences positives et surtout dans les sciences *biologiques* est une chose fort osée.»

Nous pouvons indiquer immédiatement la raison de cette difficulté, dont ces paroles accusent à peine le soupçon. Cette raison est que, pour être en mesure de *généraliser*, il faut auparavant *particulariser*, comme inversement, pour pouvoir *particulariser*, il faut déjà savoir *généraliser*. Malgré que ces deux opérations s'impliquent ou se *succèdent* en apparence, elles doivent *coïncider* réellement. En cela, la détermination du *but* décide de l'emploi du *moyen* à mettre en œuvre pour le réaliser, et qui ne peut être que son contraire. Ainsi, faire de la physiologie *générale*, c'est réellement embrasser du même coup *synthétiquement* tout l'ensemble *analytique* des faits objectifs en constituant tout le sujet, avec leurs traits les plus communs et les plus singuliers, ou *particulariser* ; et, de même, faire de la physiologie *particulière*, c'est en considérer et caractériser un à un tous les termes individuels avec complète revue de leurs actes, habitudes ou puissances, et leur reconnaître finalement le même type universel, ou *généraliser*. Mais, si vraiment généraliser est particulariser, inversement particulariser est généraliser, ces deux termes *relatifs* n'en font *absolument* qu'un, corrélatif ou réductible aux *deux* précédents ; ce qui suffit pour démontrer le dogme chrétien de la *Trinité*, dernière ou suprême raison de toutes choses.

Cassagnoles, 12 août 1887.

DE PHYSIOLOGIE VITALISTE

—

LES GÉNÉRALITÉS

——✦——

1. Ne commençons point par commettre, au début de ce travail, l'énorme faute de ne pas dire ce que c'est que la *vie* ; nul physiologiste ne s'en étant montré jusqu'à ce jour exempt, elle dénote chez tous une étrange préoccupa'ion d'esprit. Comment leur serait-il possible, dans ces conditions, de parler pertinemment d'une chose dont ils ignorent le principal objectif ou ne savent point (comme on dit) le premier mot ? Conscient de ce vice radical, bien suffisant pour condamner d'avance à la plus complète stérilité toutes leurs recherches, disons donc immédiatement ici ce que le mot V*ie* peut et doit faire entendre.

D'abord, la *vie* n'est, pas plus que la *force*, rien de matériel, ou de massif et de pondérable ; car, s'il en était autrement, elle se réduirait à n'être qu'un *effet* plus ou moins immanent ou passager. Mais elle ne doit pas être censée pour cela, non plus, réduite au simple rôle de *cause* ; car, ainsi prise abstractivement, elle ne se prêterait point aux divers modes d'applications spéciales ou particulières impliquées par la variété des *effets* observés. Pour en avoir l'idée complète et vraie, nous devons donc la concevoir réunissant à la fois en soi les deux concepts de *cause* et d'*effet*, et par là même aussi les deux aspects de *subjectif* et d'*objectif*, pour devenir à ce titre (au moins *relativement*) *réelle*, et susceptible, en conséquence, de jouer tous les rôles *actifs* et *passifs* compatibles entre eux. Posée comme *objective*, en effet, elle peut fonctionner *passivement* et recevoir sans la moindre coopération de sa part toutes les formes, simulant' ainsi parfaitement, d'une part, l'état natif de la matière brute ; et, se posant au contraire comme *subjective*, elle en explique, d'autre part, l'avènement et le maintien ou la disparition, tout à fait comme toutes les variations de l'ombre des corps opaques exposés à la lumière s'expliquent parfaitement par la seule préalable variation des mêmes corps présupposés intrinsèquement variables.

Il est possible, maintenant, qu'on trouve en premier lieu répugnante ou du moins difficilement admissible cette idée de la *vie* considérée comme *réalité* — tour à tour ou même à la fois — *effet* et *cause*. Cependant, c'en est bien l'idée *fondamentale*, sinon différentielle ou *spécifique* : distinction qu'il importe ici de remarquer soigneusement, car il suffirait de la méconnaître ou de l'oublier, pour en laisser retomber la notion au rang de profond mystère impénétrable aux physiologistes. Évidemment, toute Réalité censée capable de fonctionner alternativement ou même simultanément en elle-même comme active et passive, ou comme effet et cause, *vit* déjà, puisqu'elle agit et pâtit ; mais elle fonctionne en cela pour ainsi dire sur place, et rien ne dénote en elle un mouvement en avant ; elle est une activité latente improductive, et par suite comme morte. Voulons-nous en voir disparaître ce voile de *mort* qui la recouvre encore en apparence : nous n'avons pas besoin de la supposer de suite déployant au dehors *toute* sa puissance intensive, infinie peut être ; il nous suffit de l'imaginer préludant à tout exercice ultérieur objectif par un *incrément différentiel*, à peine apparent d'abord, en manière de bourgeon, ou germe, ou pointe tranchant vivement sur la plénitude du fond immanent par son jet incessant vers le dehors. Car, supprimons-nous ce rudiment tendantiel, le voile de la mort recouvre évidemment de nouveau l'active *réalité* présente, dont l'entier retrait de l'objectivité permet immédiatement de comprendre comment le *vivant* peut cesser en *apparence* de vivre ; le rétablissons-nous au contraire, nous comprenons du même coup que la vie chasse incessamment la mort devant elle ou se démontre perpétuellement vivante, comme tout mouvement en avant se démontre par la moindre impulsion imprimée sans relâche aux objets placés sur sa direction. Un être réel, actif et passif en *lui-même*, *vit* donc incontestablement déjà, mais en secret ou sans paraître vivant ou sans mériter la qualification de vivant ; mais il mérite bien cette qualification ou devient réellement vivant s'il se dépouille de son inaction apparente ou pousse incessamment à la variation sans fin ni trève, et se donne ainsi l'air de regarder *en cercle* de tous côtés, comme y cherchant en chaque instant l'occasion d'agir, qui, par hypothèse, ne se présente point encore.

2. Donc, point de vie *réelle* (c'est-à-dire alors *apparente*) sans un mouvement quelconque — rudimentaire au moins — d'*élan en avant* ou vers le dehors, tel qu'il se déclare, par ex., en *mouvement circulaire uniforme*, dont la variation peut n'être (quoique jamais nulle) qu'infiniment petite en chaque instant ; mais ne nous hâtons point ici d'insister sur ce cas (fondamental néanmoins) de *mouvement circulaire* mentionné seulement par anticipation pour fixer les idées, et contentons-nous de caractériser la vie *réelle* par la notion originaire, à peine *spécifiquement* déterminée, d'Activité plus qu'*absolue* se signalant pourtant déjà par une distincte, mais seulement *initiale* encore, *tendance au changement* en relation externe. Ainsi qu'il a été dit, cette notion ne peut être acquise sans évoquer à sa suite, ou même

en sa compagnie, la notion inverse de mort aussi réelle ; car, au lieu d'adjoindre à l'idée *générale* primitive de *vie* la *tendance initiale* propre à lui servir de différentielle positive, imaginons de la déterminer immédiatement par la suppression de cette *tendance*, sa puissance de manifestation est abolie du même coup tout entière ; et par conséquent, en face de la *vie véelle*, nous représentons aussi la *mort réelle*, valable alors comme simple limite et non autrement.

Sachant maintenant que la Vie *en général* se détermine *relativement* (chose nécessaire et *réelle* en tout temps) par un premier *élan* ou jet d'activité spontanément émis, et (chose aussi nécessaire mais *non réelle* ou seulement *imaginaire* en premier lieu) par l'*idée* de la possibilité d'un état contraire négatif provenant de la totale suppression spontanée du même élan ou jet originaire, nous pouvons entrevoir sans peine que, comme la Vie tout d'abord *absolue* se détermine deux fois *relativement* par incrément différentiel inverse, l'un *positif* et l'autre *négatif*, il nous est loisible, son inféodation à ce même incrément différentiel une fois réalisée, d'en faire imaginairement abstraction, pour porter désormais notre attention sur l'incrément lui-même et le considérer pour cela comme un *absolu* de second ordre, susceptible (en cette qualité) d'être pris à son tour deux fois *relativement* encore. Car nous avons à notre disposition une nouvelle distinction immédiatement applicable en ce moment, à savoir : celle entre *immanent* et *variable*.

En introduisant cette nouvelle distinction, n'oublions point qu'il s'agit ici tout d'abord simplement d'immanence et de variabilité, sinon *absolues* ou *générales*, au moins *relatives* ou *spécifiques* encore, sans le moindre égard aux faits *particuliers* ou *singuliers* d'immanence ou de variation qui pourraient s'y trouver associés, et qui sont tous, aux deux points de vue précédents, parfaitement négligeables. Nous plaçant donc au point de vue moyen ou secondaire d'actualité vitale, soit principalement *immanente* quoique variable, soit principalement *variable* quoique immanente, et cela, non d'une manière transitoire mais durable et caractéristique par conséquent, nous sommes en plein droit d'admettre et nous admettons en effet deux sortes de *vitalité* : l'une (abstraction faite encore une fois de toutes considérations purement accidentelles et négligeables) *absolument*, c'est-à-dire, tant *objectivement* que *subjectivement*, invariable ; et l'autre, *subjectivement* invariable encore, mais pourtant *objectivement* variable, ou bien seulement relativement ou partiellement immanente et seulement relativement ou partiellement variable encore. Et la désignation de ces deux sortes de vitalités contraires ne souffre pas la moindre difficulté : la vitalité *principalement* toujours immanente tourne constamment d'un mouvement *circulaire* uniforme ; la vitalité *principalement* non immanente de la même manière comporte, de son côté, tous les degrés spécifiques de la variation tranchant plus ou moins sur l'immanence précédente, dont elle commence par être une négation pure et simple ; ce qui lui permet de passer par les trois phases *habituelles* des mouvements coniques : *elliptique*, *parabolique* et *hyperbolique*.

3. Nous avons admis déjà que, comme il est d'abord indispensable de prendre *absolument*

la *Vie* en général avant de la prendre *relativement* pour pouvoir en faire le terme positif du
rapport dont la *mort* fournirait le négatif, il est
également possible et jusqu'à un certain point
indispensable encore de prendre *absolument* le
premier terme tout positif de ce même rapport,
et c'est en effet à ce titre que nous avons pu le
distinguer tout à l'heure en principe vital *absolument* immanent ou *non absolument* immanent
à un degré quelconque. Cette distinction rationnelle et rationnellement nécessaire une fois bien
comprise, entrons alors dans les détails, et considérons à part chacune des deux vitalités pré-
cédentes.

Intervenant en second ordre à titre d'*absolue*,
la Vitalité *positive* est un *absolu* de second ordre,
dont le précédent *absolu* de premier ordre doit
manifestement occuper, dans le mouvement *circulaire* commun aux deux, une position *centrale*
distincte, plus profonde que celle du second
édifié sur sa base. Marquons alors en pensée,
sur le contour et à une distance quelconque du
centre *absolu* radical, la place assignable de fait
au centre absolu nécessairement circonscrit au

premier ou *périphérique*: ce dernier fonctionnera là comme le premier fonctionne déjà sous lui ; mais les deux fonctionnements consécutifs et subordonnés seront entre eux dans le rapport de *genre* = 1^3 à *espèce* = 1^2. Le premier serait figurable sous forme *solide* ou *sphérique*, et le second l'est seulement sous forme *plane* ou *circulaire*. C'est par un acte du fonctionnement *absolu* de *premier* ordre qu'est institué le lieu périphérique du fonctionnement *absolu* de *second* ordre ; et, pour en concevoir l'effet, on doit imaginer deux forces contraires, telles que l'une *centripète* et l'autre *centrifuge*, égales entre elles. Mais le procédé du fonctionnement *absolu* de *second* ordre ne peut être un simple calque du *premier*, et doit en différer par quelque trait essentiel : il en diffère alors en ce que, d'abord, l'acte *répulsif*, au lieu de s'effectuer dans la direction du *centrifuge* précédent, prend la direction de la tangente ou devient *tangentiel* ; et puis, si le nouvel acte *attractif* opposable au nouveau *répulsif* ne diffère point en nature du précédent *centripète*, il partage néanmoins, avec le nouvel acte *répulsif* auquel il

correspond et s'associe, la commune propriété
d'être à son précédent respectivement *centripète*
comme l'*infiniment petit* $\frac{1}{\infty}$ est à l'infiniment
grand $\frac{\infty}{1}$. Le centre *absolu* radical est donc à la
fois *centre* et *foyer infini* de *force* ; le centre
absolu secondaire est de son côté seulement *cen-*
tre et *foyer infinitésimal* d'*action*. Il est évident que dans ces conditions la Vie siégeant au
centre *absolu* radical ne saurait varier d'aucune
manière, sauf imaginairement ; mais il n'est plus
impossible que la Vie siégeant au centre *absolu*
secondaire apparaisse, au moins accidentellement
ou particulièrement, variable, en raison de l'imaginaire distance assignée par hypothèse d'avance
à son site, puisque, plus le rayon vecteur au
bout duquel il est censé placé s'agrandit, plus il
doit être censé lui-même effectuer avec lenteur
sa révolution entière autour du centre *absolu*
radical.

N'importe, néanmoins, que le centre *absolu* secondaire circule plus vite ou plus lentement autour du centre *absolu* radical : il est toujours avec
lui, sous ses deux faces *objective* et *subjective*,
dans un rapport constant ; et la double variation

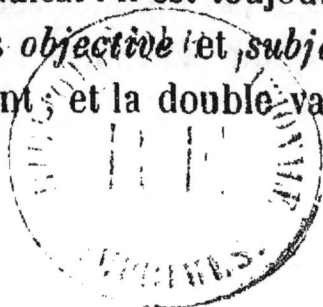

d'amplitude périphérique et de vitesse angulaire reste toujours dans l'ordre des choses purement accidentelles et négligeables dont nous avons parlé précédemment. Il n'en est pas de même maintenant si, du mouvement *absolu* circulaire uniforme, nous passons aux trois mouvements coniques, chez lesquels la *variation*, s'agrandissant de plus en plus par étapes bien caractérisées ou respectivement irréductibles aux dépens de l'immanence, après avoir fait disparaître l'uniformité du *circulaire* primitif dans l'*elliptique*, la rétablit à peine pour la forme, en supprimant plus gravement au fond et sans retour la périodicité de l'*elliptique*, dans l'institution du *parabolique* essentiellement ou toujours défaillant, et finit à la limite par ne laisser en dernier lieu dans l'hyperbolique ni régularité, ni périodicité, ni même possibilité du rétablissement de l'ordre primitif. Car, cette fois, l'opposition contradictoire est si grande entre les deux ordres de choses *radical* et *final*, qu'il faudrait, pour en ménager le raccordement, effectuer coup sur coup un triple passage par l'infini : sorte de variation à travers les quatre formules 1^3, 1^2, 1^1, 1^0, dont la réalisation ne répugne point assurément en marche descendante par us ou abus, mais répugne au contraire absolument, en marche ascendante, à l'Activité même radicale, invinciblement éloignée, par suite des mêmes us ou abus, de vouloir tout rétablir sur le même pied qu'à l'origine, pour ré-aboutir, sans fin ni profit aucun, au même résultat.

4. Nous reviendrons plus tard, au fur et à mesure qu'il en sera besoin, sur les quatre mouvements coniques, qu'on sait pouvoir être représentés par les formules d'excentricité $e = 0$, $e < 1$, $e = 1$, $e > 1$. Revenons présentement au point où nous avons vu l'Activité radicale adjoindre à son premier rôle de force *absolue* relativement appliquée sans diminution d'exposant (1^3) en *centripète* et *centrifuge*, son rôle postérieur de simple force *absolue* de second ordre, relativement appliquée désormais, après réduction au second degré de la puissance ($= 1^2$), en *centripète* et *tangentielle*. Quand elle réalise tout d'abord ce premier pas en avant par l'institution d'un second centre *actuel* en la

périphérie du *radical*, — si nous continuons de supposer qu'elle fonctionne *absolument* autant en son *second* centre qu'au *premier*, nous savons par ce que nous avons déjà dit que le mouvement révolutif en doit être et rester strictement circulaire et uniforme. Mais, en cela, la forme *centripète*, étant (d'après notre précédente analyse) deux fois active dans le même *sens* comme tenant tête aux deux forces opposées, en deux *directions* rectangulaires et désignées par les dénominations de *centrifuge* l'une, de *tangentielle* l'autre, exerce par là même sur ces dernières, clairement attribuables d'ailleurs au même terme objectivo - subjectif *périphérique*, une manifeste prépondérance, dont il est très naturel de penser que ce même terme, asservi constamment en principe, puisse désirer, suivant la manière dont il en apprécie la gestion préalable, qu'elle s'*allège*, ou *décline*, ou s'*enlève* même entièrement. Se maintiendrait-elle indéfiniment dans toute sa rigueur : nous resterions éternellement dans le cas du mouvement *circulaire uniforme* primitif, $e = 0$. Mais, par le fait, commence-t-elle à s'*alléger* au gré de ses désirs très modérés dès le début : le mouvement révolutif prend la forme de l'*elliptique, e < 1. Décline-t-elle* au contraire incessamment, le mouvement elliptique cède du même coup la place au *parabolique, e = 1. Disparaît-elle* enfin totalement : c'est le mouvement *hyperbolique, e > 1,* qui règne désormais seul et sans partage. Or quelle est, des forces déjà nommées (dans le couple primitif) *centripète* et *centrifuge,* ou (dans le couple secondaire) *centripète* et *tangentielle,* celle qu'on peut présumer s'approprier dans cette circonstance le rôle de force active variable ou novatrice ? Ce ne peut être aucune des deux radicales infinies ($= 1^3$) ; ce ne peut être davantage la première des deux forces secondaires ($= 1^2$) ou la *centripète,* existant déjà sous le couvert de son homonyme radicale, dont elle ne se distingue même d'ailleurs qu'imaginairement : c'est donc la seule force *tendantielle.* Et, de fait, cette force sort-elle à peine incommensurablement de la valeur infinitésimale, sous la forme $e < 1$: le mouvement *révolutif* originaire est seulement *allégé* périodiquement par phases alternantes n'impliquant ni suspension ni destruction. Mais, si l'élan *vers le dehors* se renforce au point de pouvoir constamment ou sans fin tenir tête à la tendance antagoniste *centripète*, l'influence préalable de cette dernière doit cette fois *décliner* indéfiniment, car elle est comme annulée déjà de fait. Après cela, le moindre nouvel effort vers le dehors ne doit plus lui laisser la moindre ombre de prestige ou de puissance : dès la première institution du mouvement hyperbolique, toute possibilité de circulation *s'évanouit* instantanément aussi bien en principe que de fait ; et ce résultat final irrémédiable provient toujours du grossissement progressif et de plus en plus exagéré, sans limites assignables, de la force *tangentielle*.

5. Dans ce qui précède, nous avons maintenant déjà considéré la *Vie* dans ce qu'elle a de plus *simple* quoique *infini*, non moins qu'en ce qu'elle a de *moins complexe* quoique *indéfini* encore, c'est-à-dire dans son genre *absolu* d'abord, et dans son genre *relativement double* ensuite, par sa traduction en deux *espèces* au moins. *Absolument* une, elle se formule ainsi $\left\{ \begin{matrix} 1^3 \\ 1^1 \end{matrix} \right.$, par élévation au troisième degré de la puisssance

du *Radical* quelconque à déterminer, pris simultanément pour *élément* et *principe* de ses opérations. *Relativement* double par reprise d'exercice du même Radical fonctionnant désormais en
manière de simple *facteur* sous forme, non plus
solide comme la précédente (1^3), mais *plane*,
elle se formule au moyen de l'expression, cette
fois non plus *tripartible* comme la précédente,
mais seulement *duplicable*, $\left\{ {}^{1\,2}_{1\,1} \right.$. Or on sait que
logiquement, aux deux notions préalables de
genre et d'*espèce* se rattache étroitement celle
d'*individualité*. Présentement, il nous reste donc
encore à considérer la Vie dans ses *particula-
rités*, qui sembleraient par là même devoir être
ce qu'elle a de moins complexe et de plus simple, puisque le potentiel respectif n'en saurait
dépasser le premier ou plus bas degré de la puissance; et néanmoins elles en sont ce qu'elle a
de moins simple ou de plus complexe en principe. Car, dans les individualités ou particulari-
tés, ni le rôle de *radical* ni le rôle de *facteur*
ne sont plus attribuables aux éléments présupposés les constituer et réduits par là même au

fonctionnement de simples *termes :* et tel en est,
en outre, ce fonctionnement que, ne pouvant se
passer, pour son avènement, du concours des *ra-
dicaux* ou *facteurs* précédents, sans lesquels il
n'aurait pas la moindre raison d'être ou d'apparaître, il survient par leur seul et simultané (triple ou double) abaissement subit au premier
degré de la puissance dans leur (triple ou double)
ressort respectif ; d'où il suit que, chacun des
trois termes agrégés ne l'emportant jamais ici
qu'*en fait* sur les deux autres conjoints, l'ensemble définitif s'en offre sous la forme purement
statique $\left\{ \begin{smallmatrix} 3 \\ 1 \end{smallmatrix} \right.$. En conséquence, bien que tout élément doive être conçu radicalement simple, ab-
straction faite de tout emploi, — lorsqu'il s'agit
de considérer l'Activité dans les divers emplois
dont elle est susceptible, et parce que tous ses
emplois se réduisent en principe à ceux de *radical*, de *facteur* et de *terme*, elle fonctionne exclusivement : à titre de *genre*, comme *réellement*
(*absolument*) simple, et *imaginairement* infinie ;
— à titre d'*espèce*, comme *réellement* (*relativement*) simple, et *imaginairement* indéfinie ; —

à titre d'*individualité* comme *réellement* complexe ou finie, et *imaginairement* simple.

Comme on pourrait passer ici légèrement sur ce que nous venons de dire et n'en point dès lors apprécier l'importance, nous tâcherons de la faire ressortir au moyen de la comparaison suivante, fort triviale en apparence, mais très expressive au fond. Prenons une de ces allumettes phosphorées qu'on trouve aujourd'hui partout, et, par un rapide frottement sur un corps à rude surface, enflammons-la : instantanément elle s'embrasera, mais presque aussi vite elle s'éteindra. Sera-ce trop vite pour l'usage que nous en voulons faire: pour avoir de nouveau du feu, nous serons obligés de répéter la même opération avec une autre allumette n'ayant point déjà servi, dont, si nous ne savons pas davantage mettre à profit l'incandescence aussi passagère, la prompte extinction nous forcera d'en employer à la même fin une troisième, et ainsi de suite indéfiniment Toutes ces allumettes-là, successivement employées et seulement valables chacune un moment, sont une figure des existences *individuelles* ou des simples *termes* réduits au premier ou plus bas degré de la puissance. Au lieu d'avoir maintenant recours, pour nous éclairer, à ce moyen rudimentaire que nous fournit l'association du bois, du soufre et du phosphore dans les allumettes, prenons pour flambeau deux corps habituellement lumineux, tels que la Lune ou le Soleil : en eux nous aurons un moyen d'éclairement continu, que nous n'aurons pas besoin de voir se multiplier pour nous donner la satisfaction désirée ; néanmoins, ils pourront quelquefois, par éclipse de l'un ou de l'autre, nous mettre ou laisser en peine, et nous ne nous serions au contraire jamais trouvés en pareil embarras, si de préférence et dans les mêmes cas il nous eût été donné de prendre pour luminaire l'étoile polaire présupposée briller perpétuellement aux cieux, puisque cette fois l'éclairement en eût été perpétuel comme eux. De même, donc, que nous avons pu voir tout à l'heure une image de fonctionnement *individuel* ou particulier dans les allumettes, qui sont pour nous d'un emploi quotidien, nous pouvons voir encore dans le Soleil et la Lune une image du fonctionnement permanent des *espèces* relatives, et dans l'étoile polaire une image du fonctionnement des *genres* absolus. Chez les allumettes, l'élément lumineux n'est qu'élément et ne brille qu'*à son heure* ; dans le Soleil et la Lune, cet élément, devenu déjà principe *relatif*, joue le rôle *durable* de facteur ; dans l'étoile polaire, il s'élève spontanément au rang d'agent *absolu* radical *éternellement* valable pour tous temps et lieux quelconques auxquels il est approprié d'ailleurs et par hypothèse dès le premier instant.

6. Dans les *genres*, donc, l'élément *absolu* radical ne se multiplie ni ne s'agglomère point *réellement* mais seulement *imaginairement*. Et, si des *genres* nous passons aux *espèces*, nous sommes déjà témoins en ces dernières d'un demi-contraste survenu tout à coup en elles par rapport aux *genres*, puisqu'en elles le même élément y faisant fonction double s'y dédouble et redouble à la fois. Mais, dans les *individualités*, le plein contraste avec les *genres*, à peine ébauché chez les *espèces*, achève de se déclarer en ce que l'élément s'y triple incontinent, en ne cessant point malgré cela de ne valoir imaginairement ou par fonctionnement relatif que comme un. Ainsi, dans les *genres*,

l'élément est *absolument* un en principe et *relativement* triple de fait ; dans les individualités,
l'élément est *absolument* triple de fait et *relativement* un en principe. Pour fixer les idées, le
mieux est ici de considérer l'expression, en formules, de ces deux modes de fonctionnement
irréductible, $\left\{ \begin{smallmatrix} 1^3 \\ 1_1 \end{smallmatrix} \right.$, $\left\{ \begin{smallmatrix} 3 \\ 1 \end{smallmatrix} \right.$, où l'on peut voir d'inspec-
tion que le même nombre 3 qui sert d'*exposant* en
l'un, sert de *coefficient* en l'autre. La *puissance*
de *là* devient *ici quantité*. Mais cela n'empêche
point la puissance de *là* d'assister imaginairement
ou secrètement *ici* la quantité, d'une part, ni la
quantité d'*ici* de pouvoir subsister imaginairement ou secrètement encore, d'autre part, en la
puissance dont elle est alors seulement discernable après coup, et non avant d'avoir émergé de
son sein. Il n'y a donc, *à priori*, nulle incompatibilité de cohabitation entre *genres* et *termes*, ou
bien entre le *potentiel* et le *quantitatif*, moyennant qu'on en associe soigneusement les seules
faces compatibles, qui sont justement les deux
contradictoires, et par conséquent la *réalité* des
genres et l'*imaginarité* des individualités, ou bien

inversement la *réalité* des individualités et l'*imaginarité* des genres ; et ce qui ne peut coexister —sauf *imaginairement* (chose bien importante à remarquer en passant) —, c'est la commune position simultanée *réelle* de la *réalité* des genres et de la *réalité* des individualités. Ainsi, les termes supérieurs des deux formules ci-dessus sont, comme symboles d'*imaginarités*, compatibles, car il ne répugne aucunement d'appliquer au potentiel imaginaire 1^3 le coefficient imaginaire 3 ; mais les termes inférieurs n'en sont, comme symboles de *réalités*, aucunement compatibles, bien qu'ils soient entre eux *à priori* comme *réel* et *imaginaire*, puisqu'ils y sont censés pris tous deux (à divers titres il est vrai, mais identiquement en fait) *réellement*. Cette commune qualification s'explique ou se conçoit aisément par cette simple réflexion que, abstraction faite de toute considération de relation, le réel et l'imaginaire ne sauraient être *absolument* discernables, et sont par là même, originairement, autant imaginarisables ou réalisables l'un que l'autre.

7. Conscients du plein contraste régnant en·

tre les *genres* et les *individualités*, occupons-
nous actuellement du moyen de rallier ces deux
modes contradictoires de fonctionnement, en passant, des *genres* respectivement primitifs, aux
individualités placées, par dérivation extrême,
aux antipodes ; ce moyen nous sera fourni par la
considération des *espèces*.

Il est acquis pour nous en ce moment que les
espèces proviennent par bifurcation de chacun
des trois *genres* absolus primitifs pris deux à
deux, et deux fois fonctionnant chacun en unité,
mais en unité de premier ordre d'abord telle que
l'unité absolue $= 1$, et de second ordre ensuite
telle que l'élémentaire infinitésimale $= \frac{1}{\infty}$ ou dx ;
lesquelles deux unités combinées constituent la
différentielle $1 \times \frac{1}{\infty} = dx$, expression de leur
fonctionnement secondaire ou spécial respectif.
Opposable au plein fonctionnement originaire indivis *absolu*, ce nouveau fonctionnement seulement *relatif* en principe ne laisse point, avons-
nous dit (§ 2), de pouvoir être de même pris
absolument à son tour ; et pour lors il est ou
fonctionne de nouveau comme *genre* similaire-
ment bifurcable ou polarisable, c'est-à-dire divi-

sible en deux bras ou branches respectivement rectangulaires. N'étant plus de l'ordre des actes accomplis à l'instar des *genres* primitifs, le *principe secondaire* ou relatif de ces deux divisions, dont l'ensemble s'offre à nous sous la forme *plane* spécialement *circulaire*, les contient éminemment toutes les deux, et fonctionne par là même en manière d'un cercle entier, non effectué déjà, mais — à cela près — tendant si bien à son accomplissement, qu'on le peut dire, en *projet* ou *pensée*, déjà réalisé d'avance : il est donc, en général au moins, pleine tendance ou *tendance réelle*. Mais à quoi peut-il tendre ? Ce n'est point à devenir *genre absolu* radical identifiable à celui dont il vient ou d'où il sort, qui lui sert déjà de *foyer* émissif, mais bien plutôt à réaliser la *fin* dernière visée par ce dernier, et par rapport à laquelle il lui peut justement servir de *moyen* ; émergé du *genre* radical, il *tend* donc à s'immerger ou se convertir en l'*individualité*, leur commun produit ou résultat définitif. Telle en étant donc en général l'essence respective, il doit, pour pouvoir aboutir, se diviser en deux bras rectangulairement ouverts (en composantes $= \begin{cases} 1^2 \\ 1^2 \end{cases}$),

mais non encore individualisés ou particularisés
pour cela ; car en chacun d'eux doit revivre le
principe *relatif* dont ils sont ensemble la répré-
sentation aussi bien redoublée que dédoublée tout
à la fois. Chacune de ces deux divisions constitue
donc une *espèce* à part ; et l'ensemble des deux
nous donne deux *espèces* désormais irréductibles
mais équivalentes.

Cette équivalence des deux *espèces* en lesquelles tout *genre absolu* radical est naturellement divisible, nous semble, en *principe* ou *fin*,
assez évidente pour n'avoir pas besoin ici de démonstration ; mais elle peut avoir besoin d'éclair-
cissement ; car, s'il est manifeste que deux *espèces* assimilables à deux composantes issues
de même foyer et concourant à même centre
sont égales, il ne l'est plus qu'elles le soient
encore dans le jeu des rôles *moyens* et très dis-
semblables que nous leur devons attribuer pour
ménager la transition du premier principe à la
dernière fin. Fonctionnant l'une envers l'autre en
qualité de *principe second* et de *fin première*,
les deux *espèces* relativement envisagées sont,
l'une objectivement agressive et subjectivement

passive, l'autre objectivement passive et subjectivement agressive, et sont ainsi comparables à
deux forces personnifiées jouant respectivement
les deux rôles de facteurs, ou *centrifuge*, ou
centripète, dont on sait que le premier va toujours décroissant quand le second va croissant, à
partir d'un même point plus ou moins excentri-
que ; c'est pourquoi l'ensemble des deux prend
en continuité l'aspect d'un vrai mouvement oscil-
latoire ou vibratoire. Ainsi constituées en relation
verticillaire immanente, les deux *espèces* sont
dites différentes de *sexe* ; constituées, au contraire, en relation *sérielle* alternante, elles sont
dites différentes d'*âge*. Or, dans ces deux cas et
tandis que l'une des deux forces corrélatives est
toujours censée décroître quand l'autre croît, ou
réciproquement, il est bien clair qu'elles ne peuvent être toujours égales, mais qu'elles le sont,
abstraction faite de leur premier *principe* ou de
leur dernière *fin*, au seul moment de leur valeur
moyenne. Donc, aux trois moments alors prin-
cipaux de leur triple état absolu *radical*, ou
final, ou *moyen*, les deux *espèces* admises, une
fois introduites, sont réellement équivalentes ;

mais, dans tous les autres moments intermédiaires de leur exercice respectif, elles ne peuvent plus l'être, sauf imaginairement; et, dans ces autres moments, très heureusement secondaires, il est inévitable que chacune d'elles l'emporte de fait, en espace ou temps, sur sa corrélative.

8. En admettant, maintenant, que les *espèces* sont des moyens propres à ménager la transition des *genres* aux *individualités*, ne nous imaginons point par hasard que l'*individualité* ne conviendrait point déjà préalablement aux *genres*, ni postérieurement la notion de *genre* aux *individualités;* car nous avons déjà positivement reconnu le contraire dans l'institution des formules $\left\{ {}^{13}_{11} \right.$, $\left\{ {}^{3}_{1} \right.$, où l'on peut voir dans le terme inférieur unitaire de chaque groupe l'expresse représentation de la *personnalité* conjointe au *genre* figuré par le terme supérieur. Il faut donc donner à la proposition par laquelle nous exprimons le fait de la sortie d'un *genre* quelconque pour arriver à l'*individualité* correspondante, le sens restreint ou déterminé de la sortie d'un *genre personnel* déjà, mais chez

lequel le *genre* éclipse provisoirement la *person-nalité*, pour pouvoir arriver à l'individualité cor-respondante chez laquelle le *particulier* éclipse à son tour à perpétuité le *général* néanmoins imaginairement conjoint.

A cette première observation, nous devons en ajouter une autre aussi nécessaire à faire en ce moment, pour rappeler ce que nous disions na-guère (§ 6) de l'*imaginaire* compatibilité des *gen-res* et de la *réelle* incompatibilité des *individua-lités*. En raison de cette dernière incompatibilité, si nous devons passer du *genre personnel* $\left\{ {}^{13}_{11} \right.$ à l'*individualité générique* $\left\{ {}^{3}_{1} \right.$, il est évident qu'en cela nous nous mettrons tout à fait en dehors de la première individualité, pour en installer à sa place une autre toute différente, qui, malgré cela, ne laisserait point de pouvoir être attribuée (le cas échéant) à la première, mais alors même devrait être censée ne s'y approprier qu'en de-hors, de telle sorte que la première se décompo-serait par là même en un double champ : l'un respectivement *interne* par rapport à l'*externe* exclu de son sein, et l'autre respectivement *ex-*

terne par rapport à l'*interne* impénétrable à son égard. Cette distinction est ici d'une importance capitale, car c'est d'elle que nous tirons la représentation des deux mondes *interne* et *externe*, dont l'*interne*, d'abord universel, n'est pourtant reconnu comme *interne* qu'au moment de l'apparition de l'*externe*, le révélant, comme son antagoniste, par la limitation qu'il lui fait subir et le contraste qui s'ensuit.

Après cette double observation. voyons maintenant par quel procédé simple ou complexe il est possible aux deux *espèces* d'abord *distinctes*, et puis *combinées*, de ménager la transition d'un *genre* quelconque à l'*individualité* correspondante. Les *espèces* ont cela de propre qu'elles sont d'abord en elles-mêmes un déploiement du *genre personnel* primitif faisant fonction de principe, en s'étalant en ou par elles en deux bras rectangulairement disposés, mais à peine étalés (car nous pouvons faire en ce moment abstraction du *temps* possible en pareil cas) qu'ils s'infléchissent subitement et se replient en formant désormais par acte de concentration le même angle qu'ils formaient naguère par acte d'expansion; c'est pourquoi la jonction de ces deux actes consécutifs inverses donne à l'ensemble la figure d'un carré parfait. Ce carré parfait correspond à ce qu'on désigne en mécanique par le nom de *parallélogramme des forces* et n'en diffère que parce qu'ici, nous plaçant à l'origine des choses, nous supposons, pour plus de simplicité, tous les côtés et tous les angles égaux. Par acte radical d'expansion, le *genre personnel* est donc censé d'abord s'épanouir en *espèces*, pour se recueillir incontinent dans ces deux mêmes *espèces* et se transformer de cette manière, — au *terme* de leur recueillement bien distinct de l'*origine* comme *externe* à son égard, — en *individualité* pure et simple, quoique de nouveau générique pour la forme.

Arrêtons maintenant notre pensée sur le *principe* et le *terme* absolu de cette double opération ménagée par les deux *espèces* à simple titre de *moyens*. L'intrinsèque *individualité* propre au *genre* en partage toute la plénitude ; et, dans son premier déploiement en qualité de principe absolu radical, elle accuse une *infinie* puissance dans l'*angle droit* $= 1$ qu'elle se donne pour ainsi dire en envergure, ainsi que dans la *lon-gueur* de chacun de ses bras qu'elle étend égaux chacun à 1 encore. Au début de cette opération, elle est, avons-nous dit (§ 7) *tendance absolue*, mais spontanément déterminable ou convertible en *relative* double sous la forme $1 \cdot \frac{1}{\infty}$. Sous cette forme, elle existe donc aux deux états d'infiniment grand et d'infiniment petit. Est-ce en l'infiniment grand qu'elle est censée se déployer : elle institue la plus grande envergure de bras ou la plus grande portée de jet qu'on puisse imaginer, et se pose, dans cette première sorte d'opération spécialement objective, en qualité d'*absolument* infinie, comme *cosmique* (auquel cas elle reste *générale*), ou bien en qualité de *relativement* infinie seulement après sa division en deux *espèces*, comme *stellaire* en l'une, et *solaire* en l'autre. Est-ce, au contraire, dans l'infiniment petit qu'elle réalise sa première ex-pansion : la transformation s'en opère ici spécia-lement en ressort subjectif, où d'abord, censée fonctionner *absolument*, elle reste tendantielle en germe ou *virtuelle* ; mais elle peut aussi bien ici, que tout à l'heure, surfaire l'exercice *absolu-*

ment infinitésimal primitif par le *relativement* infinitésimal secondaire, et cette fois, la *virtualité* s'en modifiant par extension comme la plénitude s'en modifiait naguère par restriction, à la forme d'*esprit pur* elle substitue la forme d'esprit *intelligent* ou de *monade* là où l'extension vers le dehors commence à se dessiner, et la forme d'esprit *sensible* ou d'*atome* là où la profondeur en dedans se déclare à son tour. Et voilà pour lors comment, se déterminant de plus en plus, l'Activité radicale s'ouvre, à travers les deux *espèces* qui sont sa première transformation d'*unitaire* en *binaire*, un passage vers la *ternaire*, dans laquelle elle achève de s'épanouir. Elle devient d'abord, d'une, double, en se dédoublant en *interne* et *externe* ; elle devient ensuite deux fois triple, par l'institution (en ressort *objectif*) des trois essences ou systèmes *cosmique, stellaire* et *solaire*, d'une part, et par son fonctionnement (en ressort *subjectif*) sous les trois formes d'*esprit pur*, de *monade intelligente* ou d'*atome sensible*, de l'autre.

9. Ce que sont en *grand* les trois systèmes

cosmique, *stellaire* et *solaire*, les trois sortes ou modes d'existences *spirituelle*, *intellectuelle* et *sensible* (dites *esprit*, *monade*, *atome*) le sont *en petit*. Ces deux ordres de choses *relativement* distincts n'en font *absolument* qu'un, seulement divisible, au moment de l'apparition de l'idée de grandeur, en deux, par l'inversion du point de vue consistant à prendre *extensivement* en objectivité ce qu'en subjectivité l'on prend au contraire *intensivement*. Dès qu'on veut ensuite réunir ces deux aspects, ils s'annulent naturellement l'un l'autre, en représentation *absolue* du moins ; mais le fond commun ou l'idée de *grandeur* en elle même — quoique sans immédiat emploi dès ce moment — en reste, et se nomme alors *tension pure*. En d'autres termes, la *tension pure*, exprimant un état absolu-relatif de l'Activité radicale consciente d'elle-même sous cette forme, se nomme *Esprit*. L'*extension*, envisagée sous le même aspect d'Absolu-relatif conscient de lui-même, se nomme *Intellect*. L'*intensité*, considérée pareillement en l'Activité radicale particulièrement appliquée sous cette forme, se nomme *Sens*. Il est évident que,

en tout, l'involution doit précéder l'évolution ;
car, au terme de toute évolution, l'activité présupposée la produire expire ; ce moment ne peut
donc jouer le rôle de principe. Au contraire, où
l'involution se complète, l'Activité se trouve dans
toute sa force : ce moment en est donc manifestement l'initial. Nous appropriions tout à l'heure
au *Sens* l'*intensité*, qui se contracte évidemment par involution. Donc le Sens est la première
personnalité radicale, seule génératrice absolue
de la seconde ou de l'Intéllect, et commune pro-
ductrice, en accointance avec l'Intellect, de la troisième ou de l'Esprit.

L'Activité radicale, éternellement grossie de
ces trois personnalités, les contient nécessairement superposées ou coexistantes ; et, consciente
d'elle-même en ce premier état, elle est — avons
nous dit — *sensible* sous la forme $\left\{ {}_{14}^{13} \right.$. Existant
avant leur production dans le même état primitif
d'enroulement, l'Intellect ou l'Esprit participent
naturellement à cette forme primitive du Sens.
Mais l'Intellect commence-t-il à se dégager le premier de son sein : il introduit d'emblée la forme

binaire sur l'*unitaire* antérieure. Le Sens, radical possesseur de la forme unitaire, est *centre-
foyer*. Dès que la dualité de forces se déclare,
le Sens réunit forcément, à cette première fonction ou qualité, celle de *pôle*. Mais *pôle* de quoi?
Des deux *espèces* en émanant alors diagonale-
ment en forme de bras rectangulairement disposés
que nous supposerons ici (pour fixer les idées,
et non sans raison d'ailleurs, comme on le com-
prendra plus tard) se terminer au zénith et au
nadir dans son *propre plan* qui est le *méridien*
de la sphère *cosmique*. Le zénith et le nadir se
trouvent justement situés aux deux points culminants haut et bas de la courbe méridienne et
dans le plan équatorial qui la coupe normalement
sur la ligne commune d'intersection. D'un côté
de ce plan transversal est le pôle *positif*, siège
déjà reconnu du *Sens*, principe *expansif* ou
rayonnant jusqu'à sa rencontre, au moment où
l'Intellect, interjeté sur la direction de ses deux
bras, joue le rôle suprême de moyen ; le rôle de
Sens expansif et *rayonnant* finit donc à la
rencontre du plan équatorial, et, plus l'Intellect
persiste ensuite en son rôle de moyen *désormais*

concentrant ou réducteur, plus le Sens individuel radical, coupé de sa base d'opération et lancé
dans le monde externe, s'approche de l'instant
où commencera sa définitive transformation en
pure *individualité réelle* contingente de la forme élémentaire $\{ {}^3_\iota$. Le point où cette définitive
transformation s'opère, est le pôle *négatif*, existant en plein contraste avec le pôle *positif*, origine de toutes ces variations. En conséquence,
tout l'ordre binaire se déroule du pôle *positif* au
pôle *négatif* au moyen du couple d'*espèces* éta-
lées transversalement sur cette direction. *Verti-
cillairement* accolées l'une à l'autre et face à face
à l'abord du cercle équatorial, elles y réalisent
la relation de *sexualité* valable entre coexistants.
Sériellement ordonnées au contraire dans le
plan méridien avec origine au pôle positif et ter-
minaison au pôle négatif, elles y réalisent la relation par différence de temps ou d'*âge* telle que
celle entre tout producteur et son produit (ou
père et fils), *dernière* relation en apparence, mais
première en réalité puisqu'elle prélude, d'une
part, à la *sexuelle* dès son début au pôle *positif*,

et la complète, d'autre part, en fin finale ou sans
retour au pôle *négatif*.

10. Il ne nous a pas été malaisé, dans ce qui
précède, de comprendre comment il est possible
au Sens radical, *siège* permanent de toute activité *réelle* et *source* de toute activité *formelle*
aussi bien que *virtuelle*, d'adjoindre à son rôle
absolu primitif de centre-foyer, les deux rôles de
pôle nord ou *positif* d'abord, et de pôle sud ou
négatif ensuite ; mais, atteignant ce dernier point,
il est (d'après nous-même) *fin*, ou s'annule irré-
vocablement : comment peut-il alors, une fois
annulé, trouver moyen de raccorder, avec son
début *absolu* d'exercice, cette même *fin* pareillement *absolue*, qui semble devoir mettre un in-
surmontable obstacle à ce retour vers l'origine ? La
réponse à cette difficulté nous est fournie par
l'universalité déjà reconnue de sa qualité de *principe* ; d'où il suit que, cette originaire absolue propriété ne le quittant jamais en quelque rôle
relatif qu'il s'engage au dehors, le fonctionnement primitif de centre-foyer est à son gré réité-
rable en tous lieux, où cependant il ne faudrait

point penser qu'il l'y reproduit tout entier aveu-
glément, mais seulement suivant les besoins du
moment. Ainsi, considérons-nous le Sens radical fonctionnant au pôle *positif*, comme *actif* ou
foyer : l'emprunt alors fait (en cas de besoin) au
rôle *absolu* primitif de centre-foyer sera seulement celui de *centre* ou de *passif*. Le même
Sens fonctionne-t-il au pôle *négatif* comme
passif ou *centre* : l'emprunt fait cette fois au rôle
absolu primitif sera seulement celui d'*actif* ou
de *foyer*. Tout rôle immédiatement apparent du
Sens radical est donc comme secrètement doublé
de son contraire ; et si la fonction apparente est,
par exemple, *directe* et *rayonnante* (ou *diver-
gente*), on peut être assuré que sourdement ou
secrètement il pratique l'opposée respectivement
réflexe ou *convergente*. Et nous trouvons justement dans l'Optique un fait parfaitement admis,
qui confirme pleinement cette manière de voir.
Qu'un rayon lumineux tombe effectivement sous
un angle quelconque sur une surface polie, mé-
tallique surtout, il s'y réfléchira — comme on ne
l'ignore point — immédiatement; mais il y a plus.
Que ce même rayon entre encore sous un certain

angle dans un cristal transparent dont il ira rencontrer la face postérieure parallèle à la réceptive antérieure, il se réfléchira comme de dehors en dedans sur la face postérieure, constituée cette fois de *vide* au moins relatif, tout à fait ou à peu près comme il se réfléchissait naguère sur la surface antérieure et solide, cristalline. Le vide réfléchit ou renvoie donc l'activité, comme le plein, et, pour elle, nulle opération ne s'effectue *sensiblement* dans une direction quelconque, sans se reproduire en quelque sorte sous main dans la même direction en *sens* contraire.

Comprenant maintenant la possibilité du retour du Sens radical sur lui-même, voyons d'utiliser cette connaissance en en généralisant le procédé. Construisons en pensée la sphère imaginaire indéfinie dont cette puissance occupe le *centre-foyer* avec présence *réelle* simultanée, dans la direction de l'axe, à ses deux pôles *positif* et *négatif*, dont chacun, plus apparent en son lieu spécial, ne laisse point d'impliquer en secret son corrélatif ou contraire qu'ostensiblement il exclut, et par conséquent n'en diffère en définitive que comme *ab* diffère de *ba*, par la simple permutation des

deux facteurs constituants et communs. Cet axe,
ainsi terminé par deux bouts réciproques, est compris dans le plan méridien, lieu commun du zénith
et du nadir. Or ce plan ou cercle méridien est
loin d'être unique ; toute sphère, parce qu'on y
peut concevoir un nombre infini de sectionne-
ments passant par l'axe, en renferme par conséquent une infinité. Mais, quoique ainsi déjà bien
déterminée subjectivement, la même sphère n'est-
elle point encore objectivement assez indéter-
minée pour qu'il nous soit loisible d'en concevoir
l'axe changeant de place dans son sein à chaque
instant ? Nul ne saurait évidemment ici nous dé-
nier cette conséquence. Tous les diamètres d'une
sphère sont égaux ; tous peuvent donc fonctionner tour à tour en axe ; et par suite nous n'avons
pas seulement une infinité de méridiens possibles
avec le même axe, mais une infinité de sphères
possibles proportionnellement à l'infinité des axes
réalisables en la première d'entre elles, quelle
que soit celle qu'on veuille désigner arbitraire-
ment en cette qualité. Cette multiplication infinie
ou indéfinie de méridiens et de sphères ne pouvant
modifier en rien la nature des pôles de l'axe, et

l'axe pouvant de son côté se confondre tour à
tour avec tous les diamètres dont les deux extré-
mités occupent en somme la surface entière de
la sphère, il n'est point, en la sphère imaginaire présupposée, de couple des points diamétra-
lement opposés qui ne puisse jouer à son tour
le rôle de *centre-foyer* et de *foyer-centre*, à
l'instar de nos deux pôles élémentaires, et par là
même fonctionner respectivement avec plus ou
moins d'évidence, l'un comme *principe*, l'autre
comme *fin* en ordre sériel; ou bien encore, l'un
comme agressif ou *masculin* et l'autre comme
passif ou *féminin* en ordre verticillaire. L'indéfinie multiplication précédente des méridiens et
des sphères s'étend donc aux relations binaires
d'*âge* et de *sexe* ; mais là n'est point encore la
limite du nombre de ses applications : nous avons
laissé jusqu'à cette heure complètement indéter-
minée la longueur de l'axe ainsi que celle des deux
grands diamètres transversaux, ses égaux, le
coupant rectangulairement, et rectangulaires en
outre l'un à l'autre, lesquelles trois longueurs
seraient plus distinctement désignées par les
noms respectifs de *longitude*, de *latitude* et

d'*altitude*. L'axe pouvant avoir une longueur quelconque, nous pouvons donc supposer également multipliées sans fin les longitudes et les altitudes admises ; ce qui suffit ici pour rendre manifeste l'amplitude infinie de nos présents points de vue fondamentaux.

11. Cet infini matériel perpétuellement disponible une fois acquis, il s'agit présentement d'en faire l'usage convenable. Nous en déterminerons l'emploi rationnel par la préalable désignation de ses limites à titre de *principe* et de *fin*, et l'ultérieure esquisse des *ensembles* ou *séries* en pouvant et devant occuper — par intercalation plus ou moins multipliée des termes *moyens* progressifs ou régressifs — l'espace intermédiaire. Cet intervalle ne saurait nous apparaître jamais mieux caractérisé que celui tout d'abord admis par nous (§ 8) entre les trois essences *imaginaires cosmique*, *stellaire* et *solaire*, d'une part, et les trois *réalités* personnelles *spirituelle*, *monadique* et *atomique*, de l'autre. Concevoir, d'une part, des grandeurs égales aux trois systèmes *cosmique*, *stellaire* et *solaire*, et

concevoir, d'autre part, des petitesses réduites
aux états archi-microscopiques d'*esprit*, de *monade* et d'atome, c'est atteindre en principe ou à
terme aux dernières limites du grand et du petit.
Le système *cosmique* est celui de l'infinie grandeur ; l'état *spirituel* est celui de l'infinie petitesse. Les deux systèmes *stellaire* et *solaire* se
relâchent bien progressivement de cette infinie
grandeur originaire, comme les deux réalités
monadique et *atomique* se relâchent aussi progressivement de l'infinie petitesse originaire qui
leur sert de point de départ ou de base; mais,
malgré cette double variation inverse en moins ou
plus des deux côtés, l'intervalle entre ces deux
zones d'exercice grand ou petit reste pour nous
si vaste qu'il n'est pas discernable de la distance
sensible interjetée journellement pour nous entre
la terre et les cieux.

Est-ce, maintenant, cet incommensurable intervalle apparent que nous devons chercher à
combler par l'établissement d'une échelle de
grandeurs analogue à celle sur laquelle le patriar-
che Jacob est dit avoir vu monter et descendre
une innombrable multitude d'anges ainsi chargés

de maintenir en incessante communication les
deux mondes céleste et terrestre? Sans doute ;
mais, n'ayant point le féerique pouvoir de rem-
plir cette immense lacune par des termes moyens
de notre crû, nous n'y pouvons arriver qu'en
partant des deux limites extrêmes déjà données,
et cherchant, soit à rapprocher les grandeurs célestes de la terre en les restreignant peu à peu
par progressive conversion de leur *extension* native en *intensité*, soit à hisser les éléments terrestres vers le ciel par des élans continus et progressifs en convertissant en *extension* l'*intensité*
native. L'accomplissement de cette tâche s'impose
théoriquement à nous comme un devoir ; mais,
pratiquement, la moitié seulement est à notre
charge. Comme nous sommes, par origine ou nature, terrestres, la moitié de cette œuvre qui
nous revient est celle de nous élever le plus possible vers les cieux, et l'autre moitié de l'œuvre
consistant à rapprocher les cieux de la terre revient ou reste en partage aux habitants natifs des
cieux. Ne nous est-il point, maintenant, possible
de nous refuser lâchement, par n'importe quel
motif, à cette tâche de perfectionnement progres-

sif? Nous en avons constamment le pouvoir, sinon le droit. Par la même raison, il est aussi possible aux êtres célestes de se refuser à se rape-
tisser quand ils sont grands. Supposons néanmoins des deux côtés la bonne volonté de concourir
à ce rapprochement. Comparés les uns aux autres,
les êtres célestes plus ou plus tôt actifs que passifs ont, s'ils s'y prêtent bénévolement, le mérite de l'initiative ; les êtres terrestres plus ou
plus tôt passifs qu'actifs ont au contraire de leur
côté, s'ils correspondent volontiers au vœu des
précédents, le simple mais néanmoins presque
équivalent mérite de la reconnaissance. Carac-
térisons alors ce double rôle une fois bien compris des uns et des autres. Les êtres célestes sont
d'abord constitués en parfait état individuel et
social ; ils n'ont personnellement besoin de rien
acquérir en moyens organiques ou mécaniques
de relation : les rapports en sont donc comme exclusivement volontaires ; et par conséquent leur
vie respective immédiate est la *vie de relation*.
Au contraire, les êtres terrestres plus ou plus
tôt passifs qu'actifs ne peuvent agir en premier
lieu l'un sur l'autre sans être en cela prévenus

par un organisme quelconque les invitant par ses mouvements à le suivre ou l'imiter, en les y provoquant ; en d'autres termes, ils doivent être préalablement organisés pour le progrès ou le perfectionnement intellectuel et moral, avant même de le vouloir ; une vie *organique* est donc chez eux le prélude obligé de la vie *de relation*. Il existe en conséquence deux sortes bien distinctes de vies : la vie *de relation* et la vie *organique*. La vie *de relation* est par essence, à son début, toute *morale* ; la vie *organique* est par essence, à son début encore, toute *physique*. Mais, malgré cela, ces deux vies ne s'excluent point et s'appellent, en quelque sorte, l'une l'autre : la vie *de relation* a besoin de la vie *organique* pour se démontrer, et la vie *organique* a besoin de la vie *de relation* pour se parfaire. Intimement associées ou réunies, elles ne laissent plus rien à désirer ; et dès ce moment les deux mondes céleste et terrestre pourront être considérés comme soudés ensemble.

12. A vrai dire, il y aurait trois vies, au lieu de deux ; et la troisième, non encore mentionnée,

serait la vie *divine*. Elle consisterait en égale évolution *simultanée* de l'activité dans les trois dimensions de la grandeur : *longitude, latitude, alti-*
tude. La vie *de relation*, inférieure à la divine
d'un degré, ne saurait plus offrir la même *instan-*
tanéité ni *plénitude* absolue d'opération ; mais,
en se rattachant à l'*altitude* déjà donnée qu'elle
ne saurait modifier, elle a néanmoins pour champ
spécial d'application les deux autres dimensions,
longitude et *latitude*, qui lui reviennent en propre et s'étalent sous ses ordres en plan indéfini
régulièrement ou irrégulièrement parcourable en
tout sens. La vie *organique*, qui n'a plus (sauf
élémentairement et d'emprunt) cette double amplitude d'exercice en long et en large, risquerait
de son côté d'être ou de rester éternellement autant inférieure à la vie *de relation*, que cette
dernière l'est (par la perte d'une dimension) à
l'égard de la vie divine ; mais elle a, pour se
relever de cette originelle infériorité, le privilège
de la troisième dimension, ou de l'*altitude*, dont
il lui suffit de vouloir bien user, en s'appuyant
d'ailleurs sur les avances de *force* ou de *savoir*
fournies par la vie *de relation*, pour pouvoir

imiter ou simuler, en traits réduits mais accomplis, la vie *divine*. Et par là nous pouvons déjà comprendre que, comme la vie *de relation* a la vie *divine* à *retracer*, la vie *organique* intelligemment conduite a pareillement la vie *divine* à *préparer* ; mais que, au fond, la vie *divine* ne tient pas plus à l'une qu'à l'autre : nous pouvons donc en faire présentement abstraction, pour considérer exclusivement la vie *de relation* et la vie *organique* en elles-mêmes.

Ces deux vies ne sont point clairement explicables ou définissables sans un retour actuel sur le fonctionnement en *sphère*, sur lequel les idées des cosmographes nous semblent singulièrement confuses. Suivant eux, il y a deux sortes de *sphères*, la *droite* et la *parallèle*. La sphère dite *droite* sur la carte de Hérisson, que nous avons sous les yeux, nous offre l'*horizon* et l'*axe* associés en direction *verticale*, avec pôle *nord* et *zénith* en haut, pôle *sud* et *nadir* en bas. La sphère dite *parallèle* nous offre, au contraire, l'*horizon* et l'*équateur* associés en direction *horizontale*, cette fois encore avec pôle *nord* en haut et pôle *sud* en bas, mais avec *zénith* à

droite et *nadir* à gauche. Signalons les princi-
pales méprises de cette construction. La ligne des
pôles nord et sud est là toujours verticale ; est-il
donc nécessaire qu'il en soit constamment ainsi?
Nullement, cette ligne n'a point évidemment de
place fixe en l'espace absolu ; la disposition présente en est donc essentiellement arbitraire. Est-
il plus nécessaire, ensuite, que le pôle nord soit
toujours en haut et le pôle sud en bas ? Pas
davantage ; et supposé qu'alors, avec cette première disposition des deux pôles nord et sud, la
sphère doive être dite *droite*, après le renversement clairement possible des deux pôles nous
offrant en bas le pôle nord et en haut le pôle
sud, la sphère devrait être dite *inverse.* En outre,
qui ne sait que, pour tout le monde, les lieux
universellement désignés par les noms de *zénith*
et de *nadir* se rallient si bien à l'idée de direction commune *verticale* qu'il serait vraiment
impossible de se les figurer jamais *couchés* en
travers, comme on les y voit sur la carte susdite?
Là, donc, règne une extrême confusion d'idées ;
et cependant la question peut bien être simpli-
fiée sans grand effort, car il suffit pour cela d'as-

socier ou de disjoindre à propos les deux seules lignes *nord-sud* et *zénith-nadir*.

Associons-nous d'abord, en effet, ces deux lignes : les deux sont alors ensemble *verticales*, et, par suite de cette communauté de direction eu verticale, la sphère entière peut et doit être dite aussi *verticale*. Les disjoignons-nous, au contraire, en laissant (comme il convient) la ligne zénith-nadir *verticale* et rendant la ligne nord-sud *horizontale* : pour ce déplacement de la ligne des pôles, dont le rôle est intrinsèquement prépondérant dans l'originaire construction et l'habituel fonctionnement de la sphère, la déno-mination de verticale ne lui convenant plus ex-clusivement, elle peut et doit être dite cette fois *horizontale*. Nous avons déjà fait observer que si, pour le placement du pôle nord en haut et du pôle sud en bas, la sphère peut être dite *droite*, après le placement du pôle nord en bas et du pôle sud en haut elle doit forcément être dite *inverse*. La *sphère* ne se divise donc point seu-lement en deux, alors dénommées sphère *droite* et sphère *parallèle*, mais en deux couples de deux qui sont : pour le cas le plus général, la sphère *verticale* et la sphère *horizontale* ; — pour les cas particuliers, la sphère *droite* et la sphère *inverse*.

13. Soit, maintenant, la ligne des pôles *hori-zontale*. On sait que cette ligne identique à l'*axe* ne peut sortir du plan *méridien* et reste constamment normale à l'*équatorial*, qu'elle embroche en quelque sorte comme pour lui servir de pivot dans son mouvement rotatoire ; car c'est bien dans le plan équatorial que s'effectue la révolution de la sphère sur son axe. Après cela, la question à résoudre doit être celle de savoir quel peut être le principe du mouvement révolutif effectué dans le plan *équatorial*, et partant du *zénith* provisoirement au moins situé sur la ligne d'intersection et au point de rencontre des deux courbes équatoriale et méridienne. Ce principe-là, qui ne saurait être le Sens radical, est alors l'Intellect. En effet, il ne saurait être le Sens, déjà reconnu siéger, comme *absolu* d'abord, au *centre-foyer* primitif de la sphère, et comme *relatif* ensuite, en double, à l'*un* et l'*autre pôle*, ainsi qu'en tant que premier principe relatif *in-*

terne, *en deçà* de l'équatorial, et, en tant que fin
dernière relative *externe*, *au delà*. Mais nous
n'avons jamais dit ni pu dire que ce même Sens
siège jamais, ni comme *absolu* ni comme *relatif*, au point zénithal de rencontre des deux courbes équatoriale et méridienne ; au contraire, nous
avons — provisoirement au moins — § 5, assi-
gné cette place (équivalente à celle de centre
absolu seulement *secondaire*) à l'Intellect, dont
l'activité personnelle, ne pouvant trouver d'issue
dans le plan méridien exclusivement occupé par le
Sens, se déverse alors naturellement dans le plan
équatorial ouvert *tout entier* à ses excursions
temporelles. Il est à peine besoin de rappeler
ici que l'Activité *sensible* circulant *intemporel-
lement* dans le plan méridien ne peut en rien
être principe de l'*intellectuelle* activité se dérou-
lant dans le plan équatorial normal ou méridien :
l'Intellect seul est donc auteur et siège ou principe *absolu-relatif* de cette dernière. En cette
qualité de principe *absolu-relatif* réel mais secondaire, l'Intellect n'émet point de nouveaux termes *absolus* semblables à lui-même ; mais il a le
pouvoir de les animer, mouvoir ou projeter avec

le degré de vitesse que, en agent indépendant et libre, il est maître de leur communiquer. Porteur ou doué déjà lui-même du seul premier degré de vitesse élémentaire correspondant à la distance qui sépare son centre-foyer *secondaire* du centre-foyer *radical*, autant il est attiré par ce dernier, autant il s'échappe par la tangente, et, de l'union de ces deux impulsions, l'une centripète et l'autre tangentielle, nous savons qu'il résulte et doit résulter, pour *virtuelle* égalité d'action ou de fait des deux côtés, un mouvement révolutif strictement *circulaire*. Mais, en ce mouvement primitif circulaire tout *naturel*, il ne se mêle encore rien de personnellement attribuable à l'Intellect, dont toute la participation consiste à n'en point troubler, à titre d'agent libre, le cours originaire. Lui plaît-il d'intervenir activement pour manifester sa puissance intrinsèque de variation : incapable d'influer directement sur le jeu de l'accélération centripète radicalement soumise à la seule gestion du Sens, il a du moins en sa pleine disposition le jeu de la force tangentielle concentrée par la nature entre ses mains à l'effet de la contenir ou de la renforcer à sa guise. La

puissance ne se démontrant point cependant en
faisant acte d'infériorité, c'est en faisant acte de
supériorité qu'il peut et doit aspirer de la mettre à jour, et cela progressivement, par exemple
en accroissant le jeu tangentiel originaire, d'abord
d'une fraction de sa valeur initiale, puis de sa
valeur *entière*, et enfin d'une quantité *supé-
rieure* encore à cette valeur entière, ce qui revient à dire ses accroissements progressifs de
force successivement égaux, à partir de 0 (zéro),
à $< 1, = 1, > 1$. Or l'effet connu de cette intervention progressive de l'agir intellectuel fantaisiste en cours naturel ou passif originaire est de
convertir le mouvement primitif *circulaire* en
elliptique, *parabolique* et *hyperbolique*. Donc,
au moment où la ligne des pôles est supposée se
coucher ou se disposer *horizontalement* dans le
plan méridien, toute modification *spontanée* dans
le jeu de l'Activité *sensible* radicale étant alors
censée suspendue, toute l'ultérieure variation des
rapports entre *centre* et *contour* est exclusivement
attribuable à l'initiative *intellectuelle* poussant de
plus en plus à la décentralisation au fur et à mesure
que le cours naturel et toujours extérieur des cho-

ses répond (à tort ou à raison) de moins en moins à ses besoins ou réels ou factices, c'est-à-dire, en définitive, l'Intellect est le suprême instituteur de toutes relations effectuées dans l'espace objectif ; toutes ces relations ont pour théâtre le cercle équatorial ou ses parallèles, la forme en est toujours calquée sur l'un des quatre mouvements coniques ; et l'ensemble de tous ces actes, effets ou mouvements effectués à distance, est ce qui s'appelle la *vie de relation.*

14. Soit actuellement la ligne des pôles *verticale*. Désormais, tout doit se passer, dans les plans méridiens, entre les deux *Sens relatifs*, représentés par les pôles nord et sud. Il est impossible, en effet, de leur supposer un autre lieu d'opération que ces plans méridiens dont ils sont les points culminants extrêmes ; et, de même que nous disions naguère l'action intellectuelle exempte — pour rectangularité de direction — de toute influence *immédiate* d'origine méridienne ou sensible, pour la même raison nous devons dire ici l'action méridienne sensible *immédiatement* exempte de toute influence d'origine équatoriale

intellectuelle. Néanmoins, il ne faudrait point regarder le cercle équatorial et ses parallèles comme incapables d'exercer indirectement ou médiatement une certaine influence, notable même, sur le devenir accompli dans les plans méridiens ; et la raison en est dans l'adjonction aux positions *nord* et *sud* du *Sens* relatif, les occupant, des points de vue *zénith* et *nadir*, qui sont par eux-mêmes, en principe, de nature intellectuelle, comme nous le dirons bientôt.

Les jeux respectifs des deux pôles nord et sud peuvent être considérés *avant* ou *après* l'apparition de l'exercice intellectuel en plan *équatorial*. Autant le cercle *méridien* est en raison et de fait antérieur au cercle *équatorial*, autant le jeu du Sens dans les plans méridiens est antérieur au jeu de l'Intellect en plan équatorial. Or, avant que le plan équatorial s'interpose en interrupteur normal sur le trajet, du Sens *premier principe*, à Sens *fin dernière*, la communication en lui de principe à fin, se faisant sans intermédiaire, n'a pas la moindre raison de quitter la *ligne droite* pour opérer la réunion ou fusion des contraires ; elle s'établit donc en *ligne droite* aussi bien

qu'*instantanément*, et, n'était le droit au moins
imaginaire de priorité revenant au pôle nord ou
positif sur le pôle sud ou négatif, on n'aurait pas
le moindre sujet de distinguer entre l'aller et le
retour de l'activité des deux côtés, puisqu'en principe ou bien avant l'intervention de tous termes
moyens, si les deux termes *polaires* sont *imaginairement* bien distincts, ils sont aussi bien et
même plus tôt *réellement* pleinement identiques.
Admettons maintenant, entre les deux termes
polaires corrélatifs dits *principe premier* et *fin
dernière*, l'intervention de termes *moyens* jouant
les rôles respectifs de principe *second*, *troisième*...
ou de fin *antépultième*, *pénultième* : leur action
respective initiale, détournée par cet ensemble de
moyens consécutifs situés (par leur opposition
transversale) de part et d'autre de la ligne droite
primitive, en faisant ventre vers le milieu justement comme la somme des cercles parallèles fait
ventre entre les deux pôles, leur action respective ainsi conduite, disons-nous, suivra naturellement la courbe des méridiens astreinte aux mêmes variations que les diamètres croissants ou
décroissants des cercles parallèles à l'équatorial,

y compris l'équatorial lui-même ; la marche en deviendra donc, de rectiligne, curviligne ; mais ce changement de forme ou d'allure n'en saurait changer l'essence, et l'essence, en étant sensible en principe, restera par conséquent sensible dans tout le trajet jusqu'à la fin dernière inclusivement.

Veut-on actuellement savoir d'où viennent ou comment s'introduisent ces *moyens* plus ou moins nombreux intercalés entre le *Sens nord* et le *Sens sud* occupant les deux positions extrêmes de tous les méridiens : c'est une affaire de détournement passager de leur attention non assez concentrée sur leur objectif initial (imaginairement aussi distant qu'il est réellement proche), pour ne pas s'arrêter — chemin faisant — sur ses plus ou moins ressemblantes images ou fidèles copies, d'ailleurs recommandables sous d'autres aspects plus franchement sensibles sans mélange d'idéal, et de chacune desquelles, une fois disparues, leur activité se porte sur la suivante ; et ainsi de suite, jusqu'à leur aboutissement à leur dernière fin, qu'ils ne cessent effectivement jamais (sauf revirement complet en route) de poursuivre au milieu de ces haltes moins propres à les distraire qu'à les rapprocher de leur but définitif. En cela cependant, si nous rendons compte des retards apportés à la marche, nous ne rendons point précisément compte, ni de leur persistance à se porter directement en avant au moins par une des composantes de leur marche, ni de leurs élans réitérés en avant après chacune de ces haltes successivement éprouvées dans leur itinéraire ; et pour en expliquer ces reprises multipliées d'allure, nous devons revenir sur la coïncidence, présupposée cette fois exister aux pôles, entre le Sens *nord* et *sud* et les deux idées de *zénith* et *nadir*. En indiquant précédemment cette coexistence, nous n'en avons point dit l'emploi ni l'effet ; le moment est venu d'achever de nous expliquer sur ce point. Indépendamment de toute autre considération, tout point d'un cercle qui domine en altitude les autres est culminant et en occupe *réellement* le zénith. Plaçons en ce même point un pôle : le pôle et le zénith y coïncidant jouiront ensemble de la même propriété d'être là *réels*. Mais le pôle là placé ne peut, au gré d'une imagination fantaisiste, s'en détacher et monter plus haut ; car il est une réalité toute faite et non

moins réelle en position extrême *horizontale*
qu'en position extrême *verticale*. Au contraire,
l'idée de zénith n'est *réelle* que par association
avec une réalité quelconque telle que la polaire
de tout à l'heure ; et parce qu'elle est radicalement
en elle-même tout imaginaire, alors même que
l'Intellect ne peut s'empêcher de déclarer élevée
jusqu'au zénith une réalité présente telle que la
polaire dominant toutes ses associées sur la
même circonférence, immédiatement après ou
même aussitôt son imagination l'entraîne ou sou-
lève plus haut, comme lui découvrant au-dessus
de la présente position culminante une autre position, vide il est vrai, mais très bien entrevue par
la pensée, qu'elle appelle encore zénith, et d'où,
si on l'atteint, elle s'élance de nouveau pour se
porter plus haut encore, jusqu'à l'infini, seule
borne assignable à ses élans consécutifs. Il est
manifeste que tous ces élans consécutifs ainsi
considérés sont réalisables et ne sont réalisables
que dans la direction de l'axe et sur son prolon-
gement ; il est manifeste encore que ce que nous
venons de dire de l'accroissement de l'axe en
hauteur peut et doit également se dire de l'ac-

croissement de l'axe en profondeur. La loi régu-
latrice de ces accroissements consécutifs vers le
haut ou le bas ne saurait non plus être un mystère pour nous en ce moment: c'est la loi du
mouvement *hyperbolique*. Toute évolution sensible est nécessairement *hyperbolique*. En raison
de l'intervention de nombreux termes moyens,
cette évolution peut bien apparaître compliquée
de mouvements circulaires, elliptiques et para-
boliques ; mais, hyperbolique en principe, elle
n'offre plus les grandes et gigantesques enjambées
des vitesses stellaires ou planétaires, elle procède
au contraire à petits pas et met tant de temps à
les faire qu'il lui faut des années ou même des
siècles pour atteindre à la hauteur ou profondeur
de quelques mètres sous la double forme de tige
ou de racine dans les végétaux. Néanmoins, parce
qu'il y a là développement et conservation d'existence organique, il y a vie, mais vie *organique*.
La *vie organique* est donc une *vie d'accroissement*, comme de son côté naguère la *vie de relation* était une *vie de roulement*.

15. Tout ce que nous pouvions désirer de

mieux en écrivant ce premier chapitre de physiologie vitaliste était d'arriver à déterminer avec
exactitude et clarté la *nature* et les *espèces* de la
Vie, sans quoi la science physiologique ne court
pas seulement le risque de manquer de principe
ou de base, mais en vient au point de perdre de
vue son objectif, et transforme en recherches
chimiques, physiques ou mécaniques, un travail
qui devrait être et rester tout spécialement rationnel. Après les deux définitions catégoriques actuellement acquises des deux vies *organique* et *de
relation*, nous pouvons croire avoir donné pleine
satisfaction à ce désir. Car elles se subordonnent
parfaitement à l'idée *générale* de *vie*, comme appendice intrinsèque et nécessaire de l'*être potentiel* immédiatement applicable à titre d'*objet* et
de *sujet* de relations, avec perpétuelle (sauf arrêt)
évolution concomitante ; et, dans la vie *de relation* réductible en *roulement* incessant, nous en
avons alors décrit la *première* espèce, comme,
dans la vie *organique* plus élémentaire traduite
en *accroissement* persistant ou continu, nous en
avons décrit la *seconde*. Ce n'est pas tout : tout
en assignant les *espèces*, nous en avons ébauché

les procédés particuliers formés des quatre mouvements coniques. De ces quatre procédés, le premier et le dernier sont les plus caractéristiques, car le deuxième et le troisième, venant toujours après les deux extrêmes, évidemment opposables, peuvent être en conséquence regardés comme auxiliaires ou moyens. Essentiellement contradictoires entre eux, les procédés par mouvement ou *circulaire* ou *hyperbolique* s'excluent *réellement* trop pour pouvoir être, autrement qu'*en idée*, comparables : ils ne sont donc qu'imaginairement opposables, et ne peuvent jamais entrer immédiatement en lutte ouverte. Le mouvement *parabotique* n'est d'ailleurs, comme on ne l'ignore point, qu'une limite initiale ou finale du mouvement *elliptique* expirant ou renaissant dans ses variétés innombrables, dont il est clair que le bon ou mauvais emploi peut autant tourner à la différenciation du circulaire qu'à l'établissement de l'hyperbolique. Mais, entre le mouvement circulaire et le mouvement elliptique superposés, il n'y a jamais, en *fait*, d'opposition flagrante ou de lutte immédiate, puisque tous mouvements elliptiques sont révolutifs. Au contraire, entre le mouvement *elliptique* et le mouvement *hyper-bolique*, la coexistence peut tôt ou tard, et doit même infailliblement, dans l'infinie durée du temps, dégénerer en contradiction ouverte et suspendre par là même à perpétuité toute manifestation vitale ; et, pour le voir ou se le démontrer sans peine, on n'a qu'à prendre les formules des deux mouvements. Ces formules sont : pour l'*ellipti-que*, la *positive* $a^2 y^2 + b^2 x^2 = a^2 b^2$; pour l'*hy-perbolique*, la *négative* $a^2 y^2 - b^2 x^2 = - a^2 b^2$. Or il est évidemment toujours possible, et dans l'infinie durée du temps infaillible, que les coefficients a, b, des deux mouvements elliptique et hyperbolique s'identifient et concourent ensemble; et pour lors, coïncidents, ils nous donnent pour résultat l'équation finale $a^2 b^2 - a^2 b^2 = 0 =$ mort. La même théorie qui nous donne l'explication de la *vie* nous donne donc encore l'explication de la *mort*, et peut être dès ce moment regardée, dans sa généralité du moins, comme parfaite.

16. Sur l'emploi postérieur de cette théorie. dont les applications pourraient encore apparaître environnées de profondes ténèbres et difficilement

abordables, nous pouvons même ajouter, avant
de terminer ce chapitre qu'elle nous fournit
sommairement d'avance, à ce sujet, les plus
précieuses indications. Ce n'est pas en vain, en
effet, que nous avons pu concevoir la *vie* comme un
exercice commun de trois puissances applicables,
par paires, en produits d'abord décroissants et
puis croissants de la forme $\frac{A}{A} = \frac{a}{a} = 1 = \frac{a}{a} = \frac{A}{A}$,
lesquels s'effectuent en outre avec ou par mou-
vements *circulaire*, *elliptique*, *parabolique* et
hyperbolique; car la seule idée de ces mouvements implique ou renferme en gros tout ce qui
peut et doit ultérieurement se produire en détail,
et que par expérience ou par calcul on en peut
déduire ou préjuger. Sauf en leur *origine* ou
première institution, ces quatre mouvements ne
contiennent rien d'arbitraire et sont si bien régis
par des lois, qu'on en peut aussi bien formuler
la marche par le calcul que constater les effets
par l'observation; et par suite l'objectif n'en est
point seulement déterminable, le propre caractère
en est lui-même parfaitement déterminé d'avance.
Ainsi, nous pouvons déjà voir, sans la moindre

crainte d'erreur : dans le mouvement *hyperbolique*, un théâtre de *faits* ou d'*accidents* heureux
ou malheureux ; — dans le mouvement *parabolique*, un théâtre d'*habitudes* ou de *formes*
réelles ou apparentes ; — dans le mouvement
elliptique, un théâtre de *raison* ou de *maximes*
utiles ou nuisibles ; — et enfin, dans le mouvement *circulaire*, un théâtre de *suprême initiative*
ou de *principes absolus* infaillibles ou faillibles.
Voulons-nous extraire de là l'idée dominante en
chacun de ces quatre mouvements : nous le pouvons encore aisément. L'idée dominante est : en
mouvement hyperbolique, le *saut ;* en mouvement parabolique, le *flux ;* en mouvement elliptique, l'*alternance ;* en mouvement circulaire, l'*u-
niformité*. L'imperturbable cours du mouvement
circulaire en assure la *souveraineté ;* l'ordonnance
du mouvement elliptique en assure l'*indépendance ;* le flux du mouvement parabolique en
rend possible le *libre* arrêt final ; le saut irré-
gulier du mouvement hyperbolique en consomme
l'irréparable et *fatale* chute.

Et cette première connaissance anticipée du
cours des événements n'est point elle-même sté-

rile en renseignements sur la conduite à tenir en
toute circonstance ; car, quoiqu'il dépende de
la liberté de le modifier en beaucoup de ren-
contres, elle ne peut jamais aboutir à le renverser
de fond en comble ou suspendre absolument. Ce
cours, où la vie dépérit ou prospère en raison du
bon ou du mauvais usage qu'on en fait, a pour
double champ le monde externe qui s'étale dans
l'espace, ou le monde interne qui s'ouvre et se
déroule dans le temps ; et, pour se diriger dans
l'un ou l'autre de ces mondes avec le moins de
chances de perte et le plus de chances de profit,
on emprunte ses motifs, soit aux provocations de
l'objectivité, soit aux suggestions de la subjectivité. Se bornerait-on à confronter dans l'ordre
des *faits* ou même des *formes* l'*interne* et l'*externe*, ou le *subjectif* et l'*objectif* : on pourrait
peut-être hésiter, en cas de lutte, sur la nature des
effets à prévoir ou du sort à venir. Mais, qu'on
passe, des bas ordres des *faits* ou des *formes*,
aux ordres supérieurs de la *raison* ou de la
moralité suprêmes, et toute hésitation cessera
de suite ; car, où la raison parle, sont le droit
et l'art ; où la moralité s'impose, règne la nature.

Et qui pourrait maintenant révoquer en doute la supériorité de la nature sur le droit, du droit sur l'art, de l'art sur la fortune ou le hasard, et à plus forte raison sur la légèreté, le caprice ou l'aveuglement?.. Le mot de nature n'est pas un vain mot. On est avant tout ce qu'on naît, et tout ce qu'on a de plus est de l'acquis. Ainsi, l'on acquiert le bien-être objectif, l'on acquiert de même le savoir subjectif; mais acquiert-on la conscience, l'intelligence, le sens moral? Non, jamais: on naît conscient, intelligent, droit ou juste; et parce qu'on naît tel, nulle subséquente contorsion ou violence volontairement importée du dehors au dedans sur ces prédispositions originaires ne peut aboutir à déformer ou détruire à fond l'œuvre de la nature. Toute déformation présuppose d'ailleurs une formation antérieure, comme il n'y a point de négation sans affirmation. Un abus implique un usage, la maladie survient dans la santé; mais l'usage n'implique point inversement l'abus, ni la santé n'appelle par elle-même à sa suite la maladie. Donc, de même, la mort suppose la vie; la vie qui passe suppose la vie qui demeure; et la vie immortelle

suppose la vie éternelle, la plus durable de toutes
et la seule absolument durable parce qu'elle est
la vie naturelle, nécessaire, universelle, en un
mot la vie *divine*.

FIN.

TABLE DES MATIÈRES

FIN DE LA TABLE.

DEUX PREMIERS MOTS

SUR LES RÉCENTES EXPÉRIENCES

DE M. THORE.

---

1. Ces expériences, que nous avons pu répéter au moyen de l'appareil construit par M. Pellin, s'expliquent, mais ne s'expliquent, à notre avis, que dans nos principes, qui sont ceux d'une Activité radicale, d'abord *absolument* une aussi bien qu'infinie en elle-même, et puis *relativement* triple (comme à la fois ou tour à tour sensible, intellectuelle et spirituelle) en cours d'application nécessaire ou contingente, sans la moindre cessation de foncière équivalence incessante en la manière de l'équation continue

$$1 = \frac{1}{1} = \frac{2}{2} = \frac{3}{3} = \frac{4}{4} = \ldots \frac{\infty}{\infty}.$$

2. La forme sous laquelle l'Activité radicale

fonctionne dans ces expériences est tout spécialement *physique;* et la force mise par elle en jeu dans cette circonstance est le *magnétisme animal.*

Le magnétisme dit animal est à la fois *principe* et *fin* de tout exercice objectif ou physique, mais il fonctionne bien différemment en cette double qualité de *principe* et de *fin,* — sauf au point de vue particulier *absolu* sous lequel il se pose à titre de cause et d'effet complètement *instantanés,* et dont l'inconditionnelle prépondérance respective sur tous les rôles *relatifs* conjoints est une raison de le considérer — ici surtout — comme présidant à tous les événements et résumant d'ailleurs tout l'intérêt des expériences en leurs *débuts.*

En outre du point de vue capital que nous venons de signaler, il en existe un autre presque aussi notable en ce moment, et fourni par la relation entre le *subjectif* et l'*objectif,* dont la simple opposition *imaginaire* fonde l'hermaphroditisme, et dont l'opposition *réelle* fait le sexualisme distinct ; car de là résultent les plus graves conséquences théoriques ou pratiques.

Toutes les indications contenues en la 1ʳᵉ ou 2ᵉ communication de M. Thore n'ont pas la même importance, ou ne sont point — tant s'en faut — également essentielles. Car, d'abord, quoique la plupart en soient accidentellement vérifiables sans peine, elles ne le sont point universellement ; et puis, par les variations d'intensité dont il avoue lui-même la fréquence, elles se démontrent déjà suffisamment étrangères au principal phénomène, nécessairement invariable, alors présupposé leur servir de fond ou d'objectif commun. Cependant, quoique *absolument invariable*, un même phénomène fondamental peut bien encore être *relativement complexe*, et notre tâche sera conséquemment ici de nous enquérir de la nature ou du genre, ainsi que des espèces ou des éléments, du phénomène principal actuel, réputé simple et complexe tout ensemble.

3. Commençons par désigner ce principal phénomène pris en lui-même et dégagé de tous les accessoires pouvant s'y rattacher accidentellement, mais néanmoins toujours modifiable ou déterminable de fait, par accident ou à demeure :

il se constitue du mouvement à la fois le plus
simple et le plus parfait de tous, ou du mouvement
circulaire. On obtient ce mouvement *spontanément*, au moyen d'un petit cylindre mobile tant
à gauche qu'à droite autour d'un axe vertical
passant par son centre, en ayant seulement soin
de l'apposer alors très près, mais sans contact,
à côté d'un autre cylindre *fixe* aussi vertical ;
car, cette apposition une fois faite convenablement, *le cylindre mobile se met à tourner sur
lui-même aussi naturellement que tout corps
matériel non soutenu tombe*. Mais, tandis que
le corps matériel non soutenu tombe toujours et
ne monte jamais *spontanément*, le cylindre *mobile*, une fois convenablement apposé comme il
a été dit, peut effectuer sa rotation en deux sens
opposés, ou bien, soit *de gauche à droite*, soit
de droite à gauche. Malgré l'évidente *spontanéité*
radicale de sa rotation, il ne se démontre point
cependant, comme au hasard, *dextrogyre* ou
lévogyre ; et, pour tourner de gauche à droite, il
doit (par rapport à l'*expérimentateur*) se trouver
à *droite* du cylindre *fixe*, comme, pour tourner
de droite à gauche, il doit se trouver à sa *gauche*.

Ces deux conditions sont-elles une fois remplies, l'effet susdit est infaillible : non seulement la *rotation* se produit, mais elle est constamment ou dextrogyre ou lévogyre suivant la position indiquée. Voilà donc un vrai phénomène jusqu'à ce jour inédit et néanmoins fondamental, dont l'*absolue* simplicité n'exclut point déjà pourtant une certaine complexion *relative* par l'inversion — en lui — du sens de la rotation, et quelle que soit d'ailleurs l'intensité de la vitesse initiale.

En cette première description du phénomène actuel, nous nous sommes écarté de la commune et plus facile manière d'opérer, qui est d'apposer, non à côté du cylindre *fixe*, le *mobile*, mais, à à côté du cylindre *mobile*, le *fixe* ; mais, de cette simple différence d'apposition des deux cylindres, il ne saurait manifestement résulter aucune modification dans l'essence du phénomène décrit, sauf en son énoncé consistant alors à dire que, pour apposition du cylindre fixe à *gauche* du mobile, le mouvement serait *dextrogyre*, comme, pour apposition du cylindre fixe à *droite* du mobile, il serait *lévogyre*. Néanmoins, il y a là-dessous une question de principe très profonde, et qui mérite dès lors toute notre attention.

4. Deux ou même trois termes se trouvent en ce moment, pour nous, en présence. Le *premier* de ces termes, tenant seul tête aux deux autres, est l'*expérimentateur*. Le *second* terme, intrinsèquement double alors, est le *cylindrique*, tantôt *fixe*, tantôt *mobile* ; et ces deux nouveaux termes, en lesquels se décompose le *second* terme tout d'abord indivis par hypothèse, sont entre eux, tout bien considéré, dans le rapport du *subjectif* à l'*objectif*, ainsi que nous allons le démontrer, en généralisant d'ailleurs cette question.

Effectivement, de ces deux nouveaux termes, l'un *fixe* et l'autre *mobile*, le *mobile* se trouve être sous la dépendance du *fixe* et nommément dans la même situation envers ce dernier que celle où se trouve le cylindrique encore indivis ou formel (dont ils sont le double élément) envers le premier grand terme ou l'expérimentateur. Or *le premier grand terme* (ou l'expérimentateur) *et le second grand terme* (ou le cylindrique formel encore indivis) *sont* ÉVIDEMMENT *entre eux dans le rapport très explicite du subjectif à l'objectif*. Donc, implicitement au moins, les deux éléments du *cylindrique* une fois apparus, ou le *fixe* et le *mobile* reconnus tels, doivent subsister l'un envers l'autre dans le même rapport.

Tout n'est pas là, cependant. Si, *subjective-ment* — de même que l'élément cylindrique *mobile* se trouve sous la dépendance du cylindrique *fixe*— tout le cylindrique indivis ou formel tant fixe que mobile (ou le *second* grand terme) existe en la dépendance du *premier* grand terme (ou de l'expérimentateur), *objectivement* au moins le *second* grand terme ainsi constitué d'un dou·ble élément se revanche bien formellement — par son effectif *redoublement* intrinsèque — de son originaire infériorité *subjective* à l'égard du *premier* grand terme, puisqu'il est — sous cet aspect particulier — avec lui dans le rapport de 2 à *1*; et, par suite de ce revanchement s'effec·tuant alors très naturellement en sa faveur, nous pouvons et devons même entrevoir incontinent la possibilité d'une nouvelle revanche cette fois favorable au premier grand terme et l'instituant à son tour *en double* jusqu'en ressort *objectif*, en dépit de sa première position *subjective* évi·demment une ou simple. Ce redoublement formel — en ressort *objectif* — du premier grand terme

subjectivement un ou simple en principe s'obtient
en l'appareil Thore au moyen d'un grand demi-
cylindre de verre placé — par rapport à l'expérimentateur — *au delà* du second grand terme
ou du *couple cylindrique*, et là servant de pendant au premier grand terme, lui-même placé
justement en deçà. Ce grand demi-cylindre de
verre possède, en effet, la singulière propriété
de renverser le *sens rotatoire* des deux premières
opérations, que nous avons déjà fait connaître ;
et, moyennant ce renversement, il équivaut au
transport de l'expérimentateur au delà de son
premier objectif, ou bien à son propre redoublement ; de sorte que, comme d'abord son *objectif*
en se dédoublant se redouble, lui-même *subjectif*
finit par se dédoubler à son tour en se redoublant.
Et par là nous sommes mis en mesure de comprendre comment, bien qu'on ne puisse guère imaginer d'opposition plus grande que celle existant
entre le demi-cylindre de verre (*objectif* en apparence inconscient) et l'expérimentateur (*subjectif* très conscient), cette flagrante *opposition
relative* (en apparence *absolue*) ne laisse point
de se résoudre en une non moins flagrante *iden-*

tification absolue (seulement en apparence *rela-tive*), dont il n'est aucunement possible de récuser l'immédiate constatation expérimentale , alors que, après l'apposition du demi-cylindre de verre *en arrière* du *second* grand terme ou du couple des cylindres *fixe* et *mobile*, on obtient les mêmes effets de giration produits par l'expérimentateur placé devant en l'absence du demi-cylindre de verre.

5. Remarquons, toutefois, ce qui se produit alors. Puisque l'effet de l'apposition du demi-cylindre de verre est de redoubler le *subjectif* en la manière dont la chose arrive en toute confrontation d'une personne avec elle-même quand elle s'envisage dans un miroir avec simple inversion apparente (non réelle) de côtés, — si nous supposons la rotation effectuée *dextrogyre* pour le subjectif antérieur réel ou vrai, la même rotation paraîtra seulement fictivement lévogyre au même subjectif devenu postérieur ; et, parce qu'alors les deux *subjectifs* antérieur et postérieur n'en font réellement qu'un, les deux gyrations *nominalement* inverses ne feront qu'un encore, d'ou il suit que

la distinction des deux *subjectifs*, ainsi que des deux gyrations, devrait rester forcément imaginaire, tout autant que la perception de leur identité radicale ne souffrirait point d'altération. Mais dissolvons maintenant par la pensée cette identité radicale, et supposons des deux côtés deux personnalités vivantes, comme ce serait le cas si l'image aperçue dans un miroir par quelqu'un devenait tout à coup un autre quelqu'un tenant tête au premier : alors la position éclipsée, jusqu'à cette heure par l'identité radicale, sortant immédiatement de cette éclipse et pouvant désormais marcher de pair ainsi que de concert avec elle, institue vis-à-vis d'elle une *objectivité* complexe, dont les noms ne sont plus seuls différenciables, mais dont les éléments eux-mêmes sont doués de positions et d'allures contraires. Ainsi, de même que cette fois les situations de *gauche* et de *droite* alternent, les mouvements dextrogyre et lévogyre s'échangent pareillement entre eux ; et, comme se multiplient les couples de *subjectif* réel, les couples d'*objectivité* réelle (ou prétendue telle) se multiplient également ou du moins sont réputés également multiples, bien qu'au fond, ou pour l'Activité radicale hermaphrodite ou réellement une, l'actuel exercice contraire double et simultané doive se réduire et se réduise même toujours finalement en un.

Pourquoi, dans le moment de la transition de l'hermaphroditisme au sexualisme distinct, l'opposition *imaginaire* pour simple changement de *nom* se transforme-t-elle en opposition *réelle* pour vrai changement de *chose* ? La raison de cette transformation est tout entière dans le démembrement ou la dislocation des éléments du *second* grand terme, qui cessent effectivement d'être alors comme solidaires l'un de l'autre en la manière dont ils l'étaient auparavant ; et, pour nous expliquer sur ce point, nous reviendrons sur ce que nous avons déjà dit du phénomène *rotatoire*, absolument un en principe et relativement double malgré cela dans le premier instant, mais alors avec alternation. Quand en effet, à la suite de cette alternation, le redoublement de *subjectivité* survient, et qu'à cette occasion le *dextrogyre* primitif cède en apparence la place au *lévogyre*, ainsi que le lévogyre primitif la sienne au *dextrogyre*, ni le *dextrogyre*

ni le *lévogyre* primitifs, par eux-mêmes alternants en principe, ne sont complètement annulés
en cela, ni comme *possibles*, ni comme *virtuels*,
ni même comme alternants : ils se conservent
donc l'un et l'autre tant en leur existence *propre
virtuelle* qu'en leur *lieu respectif* originaire ;
seulement, à leur suite, il surgit un nouvel ensemble de mouvements aussi consécutifs formant
couple avec le précédent, par alliance ou super-
position de contraire à contraire ; car le *lévogyre*
secondaire se compose avec le *dextrogyre* primitif, comme le *lévogyre* primitif avec le *dextrogyre*
secondaire. Du sexualisme distinct mais redoublé
surgit donc un véritable androgynisme, tout
autant que nous nous tenons en ressort spécialement *objectif* formé d'éléments originairement
distincts et — sous ce rapport — non identifiables.
Mais ces mêmes éléments, censés là non identifiables entre eux, et même *imaginairement*
irréductibles en outre, de fait, avec le Sujet absolu
radical ou le grand premier terme, ne laissent
point d'être *absolument* (en ressort *subjectif*)
réductibles à ce dernier, dont ils constituent
notoirement l'*objet* sommaire ; et, comme en

étant l'*objectif*, ils en dépendent évidemment,
comme tout objectif dépend de son subjectif
immédiat. Nous avons même dû faire observer
qu'ils ne sont point dénués l'un envers l'autre,
et nommément le *mobile* envers le *fixe*, d'une
certaine dépendance. Alors, en même temps
que l'objectif partiel *fixe* prévaut déjà légèrement
sur l'objectif partiel *mobile*, le subjectif radical
antérieur prévaut grandement de son côté sur la
totalité de l'objectif présent, fixe et mobile ; et
nous n'avons pas besoin d'ajouter à cela que,
arrivant à se redoubler lui-même par confrontation
avec soi sous les deux formes *initiale* et *finale*
le subjectif *antérieur* radical et *postérieur* secondaire, il n'en est que plus maître de lui-même,
ainsi que de toute l'objectivité, tant sexuelle
distincte qu'androgynique, dont il est à la fois le
principe et le siège. Qu'y a-t-il en effet, dans
tout ce contenu tant sexuel distinct qu'androgynique, qui n'en provienne ou ne séjourne en lui ?
Rien du tout. Il se doit à lui-même et seul tout
ce qu'il contient et tout ce qu'il devient ; il se
diversifie certainement et produit en même temps
du différent ; mais, tandis qu'il se fait de la sorte

un *milieu* double, il s'en fait le double *bout* ; et
par suite, sous ses deux formes de double exercice, soit *moyen*, soit *extrême*, il existe bien en
pleine relation avec soi, c'est-à dire il aboutit à
la pleine conscience de lui même, il se pose en
puissance autonome, en force suprême et radicale.

L'envisageant dans cet *État* par sa face spécia
lement *subjective*, nous ne pourrions nous dis-
penser de voir en lui l'Être divin ainsi constitué
par lui-même en principe ; mais défalquons-en le
côté *subjectif*, et n'en considérons (tout en en
retenant la pleine indépendance et souveraineté
d'exercice originaire) que l'*objectif*, l'*État* considéré prend immédiatement rang au nombre des
forces dites *naturelles* ou *physiques* ; il se distingue seulement de la plupart d'entre elles par
sa plénitude, sa généralité, son éternité, sa trans-
cendance ; et, tandis que la dénomination de
magnétisme lui devient sans plus ample dénomination sous ce rapport applicable —en raison de
son à peine *imaginairement* admissible distinction originaire de la *conscience réelle*, nous ne
pouvons nous contenter ici de cette première trop
vague qualification *objective*, et nous devons

achever de la déterminer alors par une épithète en désignant expressément la spéciale accointance avec la virtualité *subjective* ou *sous-jacente* qui fait, du pur magnétisme physique ou mort, le vrai magnétisme actif et vivant, ou le *magnétisme animal*.

En apparence, cette nouvelle force, plus psychique que physique en soi, ne s'accuse encore, pour ainsi dire, qu'infinitésimalement dans les expériences de M. Thore ; mais, théoriquement au moins, elle se pose ainsi déjà sûrement en rivale de la gravitation universelle inaugurée par Newton, et d'elle, à l'aide d'une nouvelle inauguration pareille, surgira tout le progrès prochainement espéré de la science humaine. Nous attendrons pendant quelque temps à ce sujet l'*initiative* d'autrui ; à son défaut, nous la prendrons.

FIN DE L'APPENDICE.

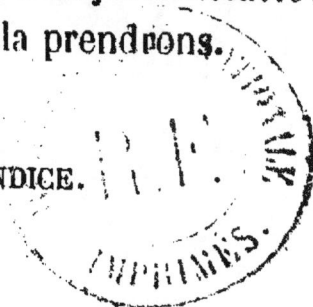

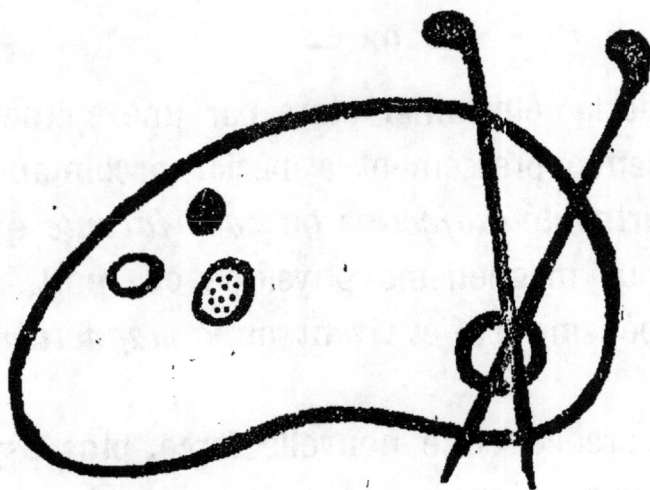

Original en couleur

NF Z 43 120-8

OUVRAGES DU MÊME AUTEUR

Examen de la rationalité de la Doctrine Catholique.
1 vol. in-8°. 1849.

La clef de la Philosophie, ou la vérité sur l'Être et le Devenir. 1 vol. in-8°. 1851.

Traité des Facultés. 1 vol. in-8°. 1859.

De Categoriis. Dissertatio philosophica. 1 vol. in-8°. 1859.

Principes fondamentaux de Philosophie mathématique.
1 vol. in-8°. 1860.

De la pluralité des mondes. 1 vol. in-12. 1861.

Traité des Actes, Sommaire de Métaphysique. 1 vol. in-12.
1862.

La Lévitation et la Revue scientifique. 1 vol. in-12. 1886.

ÉTUDES DE PHILOSOPHIE NATURELLE.

N° 1. **Système des trois règnes de la nature.** 1 vol. in-12.
1864.

N° 2. **Réponse directe à M. Renan,** ou démonstration philosophique de l'incarnation. 1 vol. in-12. 1864.

N° 3. **De l'expérience de Monge** au double point de vue expérimental et rationnel. 1 vol. in-12. 1869 (3e édition).

N° 4. **De l'ordre et du mode de décomposition de la lumière par les prismes.** 1 vol. in-12. 1870.

N° 5. **De l'ordre et du mode de décomposition de la lumière par les prismes ;** Nouvelles preuves à l'appui. 1 vol. in-12. 1872.

N° 6. **Sens et rationalité du dogme eucharistique.** 1 vol. in-12. 1 vol.

N° 7. **Démonstration psychologique et expérimentale de l'existence de Dieu.** 1 vol. in-12. 1873.

N° 8. **De l'ordre et du mode de décomposition de la lumière par les bords minces.** 1 vol. in-12.

N° 9. **Le système du monde en quatre mots.** 1 vol. in-12.

N° 10. **Classification raisonnée des Sciences naturelles.**
1 vol. in-12.

2e SÉRIE : N° 1. **La mécanique de l'esprit, conforme aux principes de la classification rationnelle.** 1 vol. in-12.

N° 2. **Organisation et unification des sciences naturelles.**
1 vol. in-12.

N° 3. **L'Histoire naturelle éclairée par la théorie des axes** (avec planche). 1 vol. in-12.

N° 4. **La mécanique de l'esprit par la trigonométrie.**
1 vol. in-12.

N° 5. **La Classification rationnelle et le Calcul infinitésimal.** 1 vol. in-12.

N° 6. **La Classification rationnelle et la Phénoménologie transcendante** (avec planche). 1 vol. in-12.

N° 7. **La Classification rationnelle et la Géologie** (avec planche). 1 vol. in-12.

N° 8. **La Classification rationnelle et la Pragmatologie psychologique.** 1 vol. in-12.

N° 9. **La Classification rationnelle et la Pneumatologie mécanique.** 1 vol. in-12.